LENORMAND OF

# Enchantment



Yasmeen Westwood

TEXT VON KALLIOPE

KÖNIGSFURT URANIA

*Bibliographische Information der Deutschen Nationalbibliothek*
*Die Deutsche Nationalbibliothek verzeichnet diese Publikation in der Deutschen Nationalbibliographie; detaillierte bibliographische Daten sind im Internet über http://dnb.d-nb.de abrufbar.*



Titel der Originalausgabe: Lenormand of Enchantment


Deutsche Erstausgabe


Königsfurt-Urania Verlag GmbH
Ringstr. 32, D-24103 Kiel
www.koenigsfurt-urania.com • www.tarot-online.com

Übersetzung und Lektorat: Eva-Christiane Wetterer
Satz und Layout: Stefan Hose, Götheby-Holm
Printed in China by Leo Paper Products Ltd.
ISBN 978-3-86826-805-8 (Set)

4
Haus
34
Fische
K

# Inhalt

# Mein Dank

Die erste Person, der ich danken möchte, ist Yasmeen Westwood für die Möglichkeit, Worte zu ihrer inspirierenden Kunst zu schreiben. Im Oktober 2019 folgte ich dem Ruf meines Inneren, reiste über den großen Teich und traf meine Seelenschwester. Der Rest ist Geschichte.

Ein besonderes Dankeschön geht an meine Freundin Betty Jane Ware, die meine Reise nach Großbritannien möglich gemacht hat. Ich möchte mich auch bei meinem König der Schwerter bedanken, der immer daran geglaubt hat, dass ich es kann, - also habe ich es mit Erfolg getan.

Ein großer Dank geht an meine Schwester Eva, die meine persönliche Cheerleaderin war und ist. Es ist ihre ganz besondere Art von Magie, die mir gezeigt hat, dass alles möglich ist.

Und ich bin meinem Spirit sehr dankbar, dass er mich immer führt, wenn ich meinem Seelenpfad folge und mir damit das Vergnügen ermöglicht, jeden Tag das zu tun, was ich liebe.

# Herzlich Willkommen

Willkommen in der wunderbaren Welt des *Lenormand of Enchantment!* Wir haben die Lenormand-Welt im Sturm erobert und die Art und Weise revolutioniert, wie die Lenormand-Karten gelegt werden. Unser Ziel ist es, Lenormand aus vergangenen Zeiten in die heutige Zeit zu transferieren, mit einem frischen, neuen Look, mit aktualisierten und relevanten Bedeutungen. Lenormand gehört zu den besten, beliebtesten und bewährtesten Decks, die heute verwendet werden. Das *Lenormand of Enchantment* wird den Lenormand-Karten zweifellos zu neuem Glanz verhelfen. Unsere Vision ist es, dass dieses Deck auch Expert:innen anspricht, und im Portfolio jedes Profis zu finden ist. Mit moderner Gestaltung, zeitgemäßen Bedeutungen und Kombinationen, die hier und heute anwendbar sind. Die in unser Zeitalter passen und dennoch einen Hauch von Klassik bewahren. Die Traditionalist:innen werden sich nicht verloren fühlen, und diejenigen, die Lenormand neu kennenlernen, werden von der Genauigkeit begeistert sein und die Leichtigkeit der Interpretation feiern.

Dieser Leitfaden wurde während der COVID-19-Pandemie erstellt, und einige der Erklärungen wurden von dieser Energie berührt. Dies geschah absichtlich, um diese dunkle Zeit in der Geschichte wie in einer kleinen Zeitkapsel zu verewigen, die die Welt eint. Meine Hoffnung für dieses Decks ist, dass es seinen Weg um den Globus findet und ein wenig Licht bringt, um die Dunkelheit zu vertreiben.

Mit all meiner Liebe,
Kalliope

# Einleitung

## Was ist das Lenormand-Deck?

Das Lenormand ist ein System mit 36 Karten. Da es sich um ein altes System zum „Wahrsagen“ handelt, gibt es viele Streitigkeiten über Daten und seine historischen Ursprünge. Dieses Booklet ist nicht der richtige Ort, um sich mit historischen Debatten zu befassen. Ich habe mich dafür entschieden, die Schönheit zu sehen, die in den einfachen Symbolen dieses Kartensystems liegt, in dem die Karten zueinander sprechen und in Beziehung zueinanderstehen. Die Lenormand-Karten werden oft in Kombinationen gedeutet. Die meisten Karten haben eine eher positive oder negative Bedeutung, während einige Karten als neutral angesehen werden können.

# Die Lenormand-Karten

## Missverständnisse

Einige Menschen halten Lenormand für nicht mehr zeitgemäß. Mit seinen überholten Deutungen und verwirrenden „Regeln“ habe es nicht die Fähigkeit, Fragen zu beantworten oder irgendeine Art von Einsicht zu vermitteln, und es sei vage und schwer zu lernen ... Und **genau das,** meine Freund:innen, genau das ist sehr weit von der Wahrheit entfernt …

**1. Du brauchst Intuition, um die Karten zu verstehen.** Was du siehst, ist das, was du bekommst. Nichts ist in esoterische Geheimnisse gehüllt. Intuition ist nicht zwingend erforderlich, doch sehr willkommen.

**2. Das System ist schwer zu erlernen.** Bei so vielen Kombinationen und Bedeutungen wird es unmöglich sein, sie alle auswendig zu lernen! Beim Lenormand geht es auch nicht ums Auswendiglernen. Es geht darum, die Schlüsselwörter zu verstehen und die Symbole der Karten zu kennen.

**3. Das System ist verwirrend.** Es gibt viele verschiedene Arten, die Karten zu interpretieren. Wenn du anfängst, wähle ein System, das für dich Sinn macht, und bleibe dabei.

**4. Das Lenormand und das Tarot haben einige der gleichen Symbole.** Lenormand-Karten haben keine Verbindung zu Tarot-Karten und werden nicht auf dieselbe Weise verstanden. Es sind zwei völlig unterschiedliche Systeme. Der größte Unterschied ist, das Lenormand verbal ist, während Tarot eher visuell ist.

**5. „Ich mag das Lenormand nicht, weil einige der Karten so negativ sind und gruselig aussehen!“** Lenormand hat eher positive, negative und einige neutrale Karten; das ist einfach die Art und Weise, wie Lenormand funktioniert, mit den Höhen und Tiefen des Lebens.

Dies sind nur einige der Missverständnisse, die manche Menschen über Lenormand denken. Wenn du die Sprache des Decks lernst, wirst du in der Lage sein, viele der Mythen aus dem Weg zu räumen.

## Die Wahl deines Lenormand-Decks

Bei der großen Auswahl an Decks und Stilen, die es heute gibt, solltest du ein Deck auswählen, dessen Gestaltung und Stil dich anspricht. Die Farben und die Bildsprache müssen deine Aufmerksamkeit erregen und halten.

## Aufbewahrung der Karten

Das bleibt jedem selbst überlassen; manche wählen hübsche Seidentücher, andere bewahren ihre Decks in der Originalschachtel auf. Es gibt keine richtige oder falsche Art der Aufbewahrung. Tue einfach, was sich richtig anfühlt, um deinen Schatz zu schützen.

## Reinigung der Karten

Es gibt viele Möglichkeiten, deine Karten zu reinigen, wenn du dich dazu berufen fühlst. Der bei weitem einfachste Weg ist, sie in ihre numerologische Reihenfolge zu bringen, in ihre Urordnung.

## Wie kann Lenormand helfen?

Lenormand kann dir helfen, mit der intuitiven, magischen Seite deines Wesens in Kontakt zu kommen, indem es dein Bewusstsein erweitert, Einblicke in dein Leben gewährt und viele Situationen klären kann.

## Legen für andere

Wenn du für andere Karten legst, bist du für das verantwortlich, was du sagst …∞

## Kreative Ideen

Das Führen eines Journals ist der Schlüssel zur Selbstentdeckung, zum Erlernen der Kartendeutungen durch Anwendung neuer Bedeutungen, und um neue Kombinationen zu entdecken. Viele Schriftsteller:innen benutzen die Karten, um kreative Blockaden zu überwinden und neue Ideen zu bekommen. Wenn du gerne malst oder zeichnest, kannst du immer eine Karte herausziehen und eine eigene Version kreieren. Die Möglichkeiten sind wirklich endlos.

## Praktische Tipps beim Erlernen des Lenormand

- Die Karten *Herr* und *Dame* sind die Signifikatoren und repräsentieren immer den oder die Fragende:n.

- Die Karten werden in Paaren und Reihen gedeutet. Jede Karte ist ein Wort, und wenn du ein paar Karten aneinanderreihst, bilden sie einen Satz.

- Die Bedeutungen sind nicht geheimer Natur; sie sind für jedermann.

- Im Lenormand gibt es keine Umkehrungen; alle Karten werden aufrecht interpretiert.

- Die Assoziationen der Spielkarten auf den Lenormand-Karten können deine Lenormandlegungen bereichern. Schaue einfach in die untere rechte Ecke, um zu sehen, welcher Spielkarten-Farbe jene Karte entspricht.

- Zu jeder Karte gibt es positive, negative und neutrale Karten als Kombination.

- Jede Karte ist gleich relevant und hat das gleiche Gewicht.

- Die Lenormand-Karten sind mit einer Zeitangabe versehen, die bei einigen Karten stärker im Vordergrund steht als bei anderen, dabei kann man die Numerologie oder die traditionelle Zeiteinteilung der Karte deuten.

- Die Karten werden immer im Zusammenhang mit der Frage gedeutet, und der gesunde Menschenverstand ist der Schlüssel zur Deutung der Karten.

- Die Karten sind symbolisch und können wörtlich gelesen werden. Manchmal präsentieren sie sich als humorvolles Wortspiel und sprechen häufig dir direkt ins Gesicht.

- Auf die Reihenfolge kommt es an! Was kommt davor und danach? Es ist diese Nuance, die den Unterschied bei der Interpretation der Karten ausmacht.

- Auf Legemuster gehen wir hier weniger ein. Es liegt an dir, mit deinen Karten zu spielen und sie zu erforschen, Legemuster auszuprobieren oder neue zu kreieren. **Fühl dich frei!**

- **Lenormand ist ein großartiges System, wenn du eine klare Antwort auf eine Frage brauchst.**

# Wie du eine Lenormand-Legung gestalten kannst

## SCHRITT 1: Schaffe die richtige Stimmung

Manchmal reicht es schon aus, dreimal tief einzuatmen, um deine Schwingung zu erhöhen, und los geht's.

## SCHRITT 2: Mische deine Karten

Mische die Energie der Karten – mische sie, bis es sich richtig anfühlt.

## SCHRITT 3: Stelle deine Frage

Sprich deine Frage entweder laut aus oder innerlich. Es spielt keine Rolle, solange du dir darüber im Klaren bist, was du fragst.

## SCHRITT 4: Ziehen und Auslegen der Karten

Wenn du bereit bist, lege deine Karten aus; ziehe so viele oder so wenige, wie du willst, so lange du mehr als eine Karte ziehst.

## SCHRITT 5: Deutung der Karten

Nimm dir zunächst einen Moment Zeit, um zu schauen, welche Karten du gezogen hast, und schlage die Bedeutung in diesem Booklet für diese Karten nach.

## SCHRITT 6: SCHLIESSEN

Nimm dir einen Moment Zeit, um deinen Karten für die vermittelte Weisheit zu danken, nimm ein paar Atemzüge und lege die Karten beiseite.

Das *Lenormand of Enchantment* ist so geschrieben und illustriert, dass es dir immer wieder Weisheiten und Geheimnisse mit auf den Weg gibt, aber nur, wenn du bereit bist, die Botschaften zu empfangen.

# Kartendeutungen

Lass dich von mir in die Sprache des Lenormand einführen.

Ich habe eine umfangreiche Liste von Zwei-Karten-Kombinationen beigefügt, um dir den Einstieg in diese aufregende Reise zu erleichtern.

Wenn der Zauber dieses Decks seine Worte um dich herumwirbelt und sie um dich herum verwebt, wirst auch du neue und aufregende Kombinationen und Bedeutungen entdecken, die du in deine Deutungen aufnehmen kannst.

# 1 Reiter

**SCHLÜSSELWORTE**

Nachrichten, Ankündigungen, Kommen und Gehen, Lieferung, Besuch, Ankunft, der andere Mann, junger Mann, ein Verehrer, eine Sendung, Post, Paket, Bewegung, schnell, aktiv, Benachrichtigung, Besuch, Gast, am Horizont auftauchend, auf dem Weg

**BEDEUTUNG**

Wenn der *Reiter* in einer Legung auftaucht, kündigt er etwas an, das in dein Leben tritt. Sei es eine Person, Neuigkeiten, eine Lieferung, eine Ankündigung oder ähnliches.

## Lenormand-Reiter-Kombinationen

2 KLEE: Glückliche Begegnung, glückliche Nachricht, informelle:r Besucher:in, zufälliger Besuch, flüchtige Begegnung, zufälliges Treffen mit einer:m Verehrer:in, kurzer Besuch, Pferdewetten, Ankündigung, zufällige Bewegungen

3 SCHIFF: Reisebezogene Nachrichten, Kommen und Gehen, entfernte Nachrichten, internationale Nachrichten, gezielte Bewegung, Besuch aus Übersee, Sendung, internationaler Besuch, Reisen, ausländischer Verehrer

4 HAUS: Häusliche Nachrichten, Hausgast, Familiennachrichten, Immobilienanzeige, Wohnungsanzeige, Familie kommt zu Besuch, Verwandte:r trifft ein

5 BAUM: Gesundheitliche Neuigkeiten, geistige Verbindung mit einem Fan, Physiotherapie, geduldiges Warten auf die Ankunft einer Lieferung, längerer Besuch, geduldiges Warten auf eine Ankündigung

6 WOLKEN: Verwirrende Ankündigung, traurige Nachricht trifft ein, chaotische Bewegung, bedrohliche Nachricht, der Sturm kommt, verwirrende Aktivität, Unruhe droht am Horizont

7 SCHLANGE: Betrug, giftiger Besuch, Komplikationen entstehen, eifersüchtiger Verehrer

8 SARG: Letzte Ankündigung, keine Neuigkeiten, keine Bewegung, schneller Abschluss eines Besuchs, schlechte Nachrichten, letzter Besuch, Schluss machen, Abschluss

9 BLUMEN: Einladung ist angekommen, wunderbare Nachricht, fröhliche Ankündigung, gutaussehende:r Verehrer:in, süßer junger Mann, überraschende Ankündigung, spontaner Besuch, Freude über den Besuch

10 SENSE: Unerwarteter Gast, bahnbrechende Neuigkeiten, überraschende Ankündigung, Gefahr droht am Horizont, unerwartete Nachricht, gefährliche Bewegungen, Schluss machen, verletzende Neuigkeiten

11 RUTE: Streit, aggressiver Besuch, Quickie, Kennenlernen, sexy junger Mann, sexuelle Beziehungen, störende Nachrichten, mit jemandem konkurrieren

12 VÖGEL: Paar kommt zu Besuch, klatschhafte Nachrichten, Gespräch mit Verehrer:in, Nervosität, verbale Ankündigung, beunruhigende Nachrichten, Ankunft, nervöser Besuch

13 KIND: Neue Nachricht, neuer Anfang, kurzer Besuch, Unreife, jüngerer Mann, neue Ankündigung

14 FUCHS: Jobnachricht, Bewerbung, Propaganda, Heimlichkeiten, oberflächliche Chat-Bekanntschaft, manipulativer Mann, Stellenausschreibung, Fake News

15 BÄR: Große Neuigkeiten, eindringlicher Besuch, mächtige Sendung, wichtige Ankündigung, mächtiger junger Mann, Mutter oder Großmutter kommt zu Besuch, erzwungener Besuch, etwas Großes zeichnet sich am Horizont ab, Aufdringlichkeiten

16 STERNE: Hoffnungsvolle Nachrichten, Online-Dating, inspirierende, motivierende Nachrichten, Ziele manifestieren sich schnell, Online-Nachrichten, positive Ankündigung, technologische Fortschritte

17 STORCH: Eine Geburtsanzeige, Pendeln, Veränderung wird schnell geschehen, saisonaler Besuch, Schwangerschaftsankündigung, Umzug

18 HUND: Hilfe ist auf dem Weg, freundlicher Besuch, hilfreiche Nachricht, freundliche Ankündigung, sympathische:r Verehrer:in, vertrauenswürdiger junger Mann, unterstützender Freund, Stalking

19 TURM: Offizielle Nachricht, formelle Erklärung, Ex kommt an, legaler Antrag, politische Bewegung, einsamer Mann, Ankündigung der Regierung, arroganter Besuch, offizielle Ankündigung

20 PARK: Social-Media-Newsfeed, öffentliche Ankündigung, öffentlicher Umzug, Treffen, Gruppen-Chat, öffentlicher Social-Media-Post, gesellschaftlich aktiv

21 BERG: Aufschieben einer Ankündigung, Aufschieben eines Besuchs, Hindernisse, Hindernisse am Horizont, hartnäckiger Mann, Zugangssperre, verzögerte Lieferung, eingeschränkte Nachrichten, Blockierung der Entwicklung

22 WEGE: Mehrere Gäste, verschiedene Möglichkeiten, unbekannter Besuch, verschiedene Chancen, unentschlossener junger Mann, mehrere Lieferungen, künftige Ankündigungen, mehrere Verehrer:innen

23 MÄUSE: Beunruhigende Nachrichten, verlorenes Paket, stressige Nachrichten, eingeschränkte Bewegung, verlorene Ankündigung

24 HERZ: Beziehung wird angekündigt, Liebe ist in Sicht, überraschende Liebe, netter Besuch trifft ein, Dating-Post, liebevolle Ankündigung, ein:e Liebhaber:in

25 RING: Heirats- oder Verlobungsankündigung, Angebot kommt an, Geschäft schnell abschließen, Versprechen wird erklärt, verheiratete:r Verehrer:in, der Vertrag trifft ein, kursierende Nachrichten

26 BUCH: Bildungsnachrichten, sachliche Nachrichten, geheime Nachrichten, geheime Handlungen, kluge Ankündigung, Informationen werden geliefert, Buchveröffentlichung, informative Nachrichten, kluge Ankündigung, geheimer Besuch

27 BRIEF: Zustellung eines Pakets, Brief kommt an, Paket kommt bald, schriftliche Ankündigung, zugestellte Nachricht, Kommunikation mit Verehrer:in

28 HERR: Auffälliger Mann, männlicher Besucher oder Anrufer, Mann kommt an, der andere Mann, Nachrichten über einen Mann, männlicher Verehrer, attraktiver junger Mann

29 DAME: Facettenreiche Dame, Besucherin oder Anruferin, Frau kommt an, Nachrichten über eine Dame, Verehrerin, attraktive junge Dame

30 LILIEN: Ankündigung des Ruhestands, alte Nachrichten, das Entschleunigen der Dinge und Annehmen, Frieden, lang erwartete Nachricht, reifer junger Mann, der Winter kommt, private Ankündigung

31 SONNE: Gute Nachrichten, glückliche Ankündigung, mutiger junger Mann, frohe Botschaften am Horizont, gute Mobilität, wundervoller Besuch, Erfolg ist auf dem Weg, optimistischer junger Mann

32 MOND: Emotionale Nachrichten, Ebbe und Flut, Kommen und Gehen, intuitiver Blitz, schöpferische Periode steht bevor, nächtliche Nachrichten, intuitiver junger Mann

33 SCHLÜSSEL: Schlagzeilen, bedeutende Nachrichten, wichtige Ankündigung, bedeutender junger Mann, Karma, bedeutender Besuch, prominente:r Verehrer:in, bemerkenswerte Ankündigung, wichtiger junger Mann trifft ein, wichtiger Besuch

34 FISCHE: Finanzielle Nachrichten, Geldbewegung (ein- und ausgehend), Geschäftsankündigung, Ankündigung, Geldtransfer, Zahlung bei Lieferung, geschäftsbezogene Nachrichten, Geld ist auf dem Weg

35 ANKER: Stabilität ist auf dem Weg, Beruhigung, Sicherheitsmeldung, beruhigende Nachrichten, Routinebesuch, ernsthafte Ankündigung, stabiler junger Mann, routinemäßige Bewegung

36 KREUZ: Schwierige Ankündigung, enttäuschende Nachricht, religiöse Bewegung, verpflichtender Besuch, Schwierigkeiten, sich zu bewegen, kritische Ankündigung, entscheidende Nachricht, Steuern kommen, religiöser Gast, Bedauern

*Wenn es einen Elefanten im Raum gibt,*
*stelle ihn vor. – Randy Pausch*

# 2 Klee

**SCHLÜSSELWORTE**

Glück, kurzfristig, kleine Gelegenheit, Chance, Glücksspiel, informell, kleiner Gewinn, kleines Glück, spontan, Schnelligkeit, Leichtigkeit, Unbeschwertheit, flüchtig, vorübergehend, zwanglos, komisch, Spaß, Heiterkeit

**BEDEUTUNG**

Der *Klee* bringt immer Glück, aber es ist flüchtig. Wenn der *Klee* auftaucht, kann er eine überraschende Wendung des Schicksals oder eine unerwartete Gelegenheit anzeigen.

## Lenormand-Klee-Kombinationen

1 REITER: Nachrichten bringen eine kleine Chance, Ankunft einer Chance, ein bisschen Glück, Ankündigung kommt schnell, leichtherzige Nachricht, Ankunft des Glücks, Besuch dauert nicht lange

3 SCHIFF: Ausländisches Glücksspiel, Erkundung einer Gelegenheit, Reisegelegenheit, Fernreisegelegenheit

4 HAUS: Gelegenheit zur Positionierung, Familienspaß, Immobilienglück, kleine Immobilie, Gelegenheit, komfortables Leben, Kartenhaus

5 BAUM: Gesundheit verbessert sich, spirituelle Chance, Geduld zahlt sich aus, Wachstum fällt leicht, „gesunde Gelegenheit“, gesunder Sinn für Humor

6 WOLKEN: Getrübtes Glück, verwirrende Gelegenheit, ungewisses Risiko, verstecktes Glücksspiel, Depression ist vorübergehend, Traurigkeit ist von kurzer Dauer, Verwirrung geht vorbei

7 SCHLANGE: Vorsicht vor einer Gelegenheit, die Verlockung des Spiels, Komplikationen, Lügen sind leicht, Vorsicht, eine Schlange im Gras, die Anziehungskraft ist nicht von Dauer, Betrug im Spiel

8 SARG: Unglück, Ende einer Glückssträhne, der Ausgang ist unglücklich, keine Chance, ein letztes Spiel, letzte Gelegenheit, letzte Chance, vergrabener Schatz, ein Spiel verlieren

9 BLUMEN: Viel Glück, etwas Wunderbares, perfektes Ergebnis, schöne Überraschung, glückliches Ergebnis, dankbar für eine Gelegenheit

10 SENSE: Plötzlicher Glücksfall, ein gefährliches Risiko eingehen, Risiko gegen Belohnung, plötzliche Gelegenheit, riskantes Glücksspiel, sehr schnell

11 RUTE: Glück haben, Sexspiele (Rollenspiele), sexuelle Gelegenheit, den Jackpot knacken, sportliche Spiele, kurzer Streit, wiederholtes Glücksspiel

12 VÖGEL: Klatsch und Tratsch ist unbeschwert, Doppelspiel, Konversation fällt leicht, aufgeregte Energie, Angst ist vorübergehend, aufregende Gelegenheit

13 KIND: Kleines Glücksspiel, wenig Glück, kleines Zeitfenster, Anfängerglück, kleine Chance, kindlicher Humor, Spiele spielen

14 FUCHS: Manipulation einer Gelegenheit, Täuschung des Glücks, professionelle:r Glücksspieler:in, Arbeitsgelegenheit, Spaß am Arbeitsplatz, Taschenspielertrick, betrügerische Gelegenheit

15 BÄR: Großer Glücksfall, eine große Chance ergreifen, mächtige Gelegenheit, Glück erzwingen, Glück, großes Glücksspiel, großer Gewinn, Gewichtszunahme

16 STERNE: Wunsch wird wahr, sehr viel Glück, positive Gelegenheit, Online-Glücksspiel, strahlendes Glück, Traumchance, hohe Einsätze, Ziele fallen leicht, sehr wahrscheinliche Chance

17 STORCH: Veränderung schafft eine kleine Chance, Veränderung ist vorübergehend, Veränderung ist positiv, Veränderung fällt leicht, Umzug ist vorübergehend, wiederkehrende Chance

18 HUND: Freundschaft ist leicht, Vertrauen ist flüchtig, Unterstützung ist vorübergehend, Freundschaft, Gelegenheit, Freundschaft ist kurz

19 TURM: Offizielle Lotterie, Casino, Einsamkeit lässt nach, legales Glück, vergangene Gelegenheit, Spielregeln, etabliertes Glück, Prozessglück, ehrgeizige Chance

20 PARK: Geselliges Beisammensein, Partyspaß, Gruppenmöglichkeit, zufälliges Treffen, Zufall, Club

21 BERG: Eine blockierte Gelegenheit, Pech, ein Hindernis, Pokerface

22 WEGE: Ungewöhnliche Gelegenheit, Entscheidung ist ein Glücksspiel, Doppelspiel, mehrere Chancen, Spaß haben, die Wahl ist einfach

23 MÄUSE: Vermindertes Glück, Stress durch Glücksspiel, das Spiel verlieren, eine Chance verlieren, eine Chance, gestohlene Chance, Chancen ruinieren

24 HERZ: Beziehungsglück, Beziehungschance, Liebe ist ein Glücksspiel, unbeschwerter Spaß, Liebe auf den ersten Blick, Liebe ist nicht von Dauer

25 RING: Heiratsmöglichkeit, Roulette, goldene Gelegenheit, das Glücksrad, ein Geschäft ist ein Glücksspiel, Vertrag kommt leicht, anhaltendes Glück

26 BUCH: Bildungschance, versteckte Möglichkeit, Wissen kommt leicht, heimliches Spiel, ein:e Buchmacher:in, geheime Gelegenheit, günstige Gelegenheit

27 BRIEF: Liste der Möglichkeiten, Ergebnisse des Spiels, Bucket List, Lotterielos, schriftliche Spielregeln, Nachricht ist fröhlich, Kommunikation ist vorübergehend

28 HERR: Der Spieler, der Glückspilz, der Risikoträger, der lässige Mann, der fröhliche Mann, glücklicher Mann, unbeschwerter Mann, lustiger Mann, ein aufregender Mann

29 DAME: Glücksgöttin, Glücksspielerin, risikofreudig, lässige Frau, fröhliche Frau, unbeschwerte Frau, lustige Frau, aufregende Frau

30 LILIEN: Ruhestand ist sorglos, Erfahrung bringt Leichtigkeit, Winterspaß, alte Gelegenheit, Wintergelegenheit, erfahrene:r Spieler:in

31 SONNE: Erfolgreiches Glücksspiel, glänzende Gelegenheit, heiße Gewinnsträhne, echte Chance, furchtloses Spiel, gutes Glück, Wärme ist flüchtig, großartiges Ergebnis, eine Win-Win-Situation, viel Glück, Lottogewinn, goldene Gelegenheit, gute Zeiten

32 MOND: Ein intuitiver Geistesblitz, Kreativität fällt leicht, spontanes Gefühl, Gefühl der Unbeschwertheit, kreative Gelegenheit, emotionales Glücksspiel

33 SCHLÜSSEL: Eine Tür öffnet sich, wichtige Gelegenheit, bedeutender kleiner Gewinn, der Zugang ist kurz, eine offene Wette, das Aufschließen einer Gelegenheit

34 FISCHE: Geschäftliches Glücksspiel, vorübergehende Geschäftsmöglichkeit, Investitionsspekulation, Kaufrausch, die Verlockung des Glücksspiels, Investition ist ein Glücksspiel, Ressourcen sind nicht von Dauer

35 ANKER: Dauerhaftes Glück, solide Gelegenheit, ein ernsthaftes Risiko eingehen, Stabilität: kurze Lebensdauer, sichere Wette, Routinegelegenheit

36 KREUZ: Enttäuschendes Glück, durch Glücksspiel verursachtes Unglück, eine entscheidende Chance, schmerzhaftes Spiel wird gespielt, Bedauern über das Glücksspiel

*Das Glück hat seine Stürme.*
*– George Lucas*

# 3 Schiff

## SCHLÜSSELWORTE

Reise, Bewegung, Abschied, Entfernung, Transport, Handel, Abenteuer, Übersee, in der Nähe des Meeres, international, Marine, Ausland, Kreuzfahrt, Abfahrt, Navigation

## BEDEUTUNG

Das *Schiff* ist immer auf einer Reise und bedeutet Entfernung. Das *Schiff* steht für alle Arten von Reisen (lang oder kurz), alle Arten von Transportmitteln und sich bewegender Fahrzeuge.

## Lenormand-Schiff-Kombinationen

1 REITER: Nachricht über eine Reise, Abenteuer im Ausland, Ritt auf den Wellen, Partner:in geht, Ankündigung einer Reise, Besuch aus dem Ausland, überstürzter Abschied

2 KLEE: Glückliche Reise, ruhiges Segeln, lässiger Abschied, zufällige Reise, spontane Reise

4 HAUS: Hausboot, Heimweh, Haus im Ausland, Inlandsreise, Sitz im Ausland, Haus am Wasser, Verwandtenurlaub, Fernreise

5 BAUM: Spirituelle Reise, gesundheitsbezogene Reise, ausgedehnte Reise, Gesundheitsretreat, in eine gesunde Richtung gehen

6 WOLKEN: Stürmische See, ungewisse Reise, vager Abschied, traurige Reise, undurchsichtige Reise, unbeständiges Wetter, eine Kopfreise, verborgene Bewegung, Angst vor der Reise, Ärger auf dem Meer, chaotische Reise

7 SCHLANGE: Problematische Reise, komplizierte Reise, flexible Bewegung, fremde Dame, Zug, U-Bahn

8 SARG: Endgültiges Ziel, letzter Übergang, schlechte Reise, abgebrochene Reise, schlechte Richtung, keine Bewegung, endgültiger Abschied, Stillstand

9 BLUMEN: Schönes fremdes Land, Reise-Upgrade, Wellness-Reise, schöner Abschied, Frühlingsaufbruch, in eine wunderbare Richtung gehen, Überraschungsreise, Reise nach Osten

10 SENSE: Reise in letzter Minute, gefährliche Richtung, Unfall, gefährliche Reise, abrupter Abschied, gefährliche Bewegung, unerwartete Reise, Abbruch der Reise, Abreise im Herbst

11 RUTE: Erschöpfende Reise, sportliche Reise, sexuell abenteuerlich, sich wiederholende Reisen, (sexuell) aktiv werden

12 VÖGEL: Eine Reise besprechen, Passagiere, verbale Anweisungen, Abflug, ein Flugzeug, sich verabschieden, nervöse Reisende, neugierige Entdecker:innen, hektische Reise

13 KIND: Neues Abenteuer, kleine Reise, kleine Bewegungen machen, neue Richtung, neues Land, Neuanfang, Erkundung, kleine Wellen machen, unerfahrene Reisende, neues Auto

14 FUCHS: Job in Reise und Tourismus, heimliche Bewegungen, unaufrichtiger Abschied, Manipulation, verdächtige Bewegungen, Arbeit weit weg von zu Hause

15 BÄR: Machtvolle Bewegung, gezwungen zu reisen, erzwungener Umzug, erzwungener Abschied, Foodtruck, hohe Wellen schlagen

16 STERNE: Positive Richtung, Raumschiff, Internet, GPS, Astralreisen, On-Star-System (Navigation), hohe See

17 STORCH: Umzug für einen Neuanfang, Versetzung, Umzug ins Ausland, Änderung der Reisepläne, Umzug von zu Hause weg, Umsteigen in Flugzeug, Zug oder Bus, Bohème, Lebensstil

18 HUND: Anweisungen befolgen, freundlicher Abschied, hilfsbereite:r Fremde:r, zuverlässiges Fahrzeug, Erkundung, jemand beobachtet deine Schritte, Portier, Pagen, Concierge

19 TURM: Offizielle Reise, Verabschiedung, Konsulat, offizielle Richtung, organisierte Reise, strukturierte Reise

20 PARK: Gesellschaftsreise, Gruppenreise, Teambewegung, öffentlicher Abschied, Networking, Ausland, überfülltes Ziel

21 BERG: Internationale Grenzen, blockierte Bewegung, Aufschieben, eine Stagnation, verzögerte Reise, raue See, eingeschränkte Reisen

22 WEGE: Mehrere Reisen, Wahl der Reiseroute, Entscheidung, zu gehen, mehrere Richtungen, Roadtrip, Wahl eines Ziels, ungewöhnliche Reise

23 MÄUSE: Diebstahl während einer Reise, teure Reise, weniger Bewegung, Reparaturen am Auto, Verlust der Orientierung, zerstörte Reisepläne, weniger reisen

24 HERZ: Leidenschaftliche Reiselust, zu Fremden hingezogen fühlen, Liebe zu fremden Ländern, herzliches Lebewohl, die Liebe zum Reisen, romantische Kreuzfahrt, romantischer Ausflug

25 RING: Rundreise, Motorrad, Fahrrad, Hochzeit in Übersee, Anschlussflüge, ein Angebot, zu reisen, ständige Bewegung

26 BUCH: Studieren im Ausland, Bildungsreise, heimliche Flucht, Reisepass, geheime Reise, unbekanntes Ziel

27 BRIEF: Brief in Zustellung, Reiseroute, schriftlicher Abschied, Nachricht, international, Postkarte, Abschieds-SMS, schriftliche Wegbeschreibung

28 HERR: Fremder Mann, männlicher Reisender, weltgewandter Mann, Schiffskapitän, Jetsetter, Mann, der in der Reise- und Tourismusbranche arbeitet

29 DAME: Fremde Frau, weibliche Reisende, internationale Frau, Schiffskapitänin, Jetsetterin, Frau, die in der Reisebranche/im Tourismus arbeitet

30 LILIEN: ältere:r Reisende:r, erfahrene:r Reisende:r, lange Reise, Ruheständler:in, Ruhestandsreise, friedliche Reise, diskreter Abschied, Winterreise, sanftes Segeln

31 SONNE: Urlaub, Spaß in der Sonne, tropisches Land, erfolgreiche Reise, gute Reise, in eine gute Richtung gehen, warmer Abschied, Sommerreise, Urlaubsreise

32 MOND: Emotionale Reise, emotionaler Aufbruch, emotionaler Abschied, Reise in den Abgrund, Übernachtungsreise, Reisen bei Nacht

33 SCHLÜSSEL: Wichtige Bewegung, schicksalhafte Reise, Schicksal der Seele, offen für die Richtung, Offenlegung von Reiseplänen, bedeutender Abschied, wichtige Reise, vornehme Fremde

34 FISCHE: Angelausflug, Fischerboot, in tiefem Wasser, Sauftour, Umzug, Geschäftsunternehmung, Einkaufstour, Geschäftsreise, Geldtransfer, Finanzhandel, Handel (Import/Export)

35 ANKER: Lange Reise, Kreuzfahrtschiff, sicheres Reisen, ein Hafen, vertäutes Boot, geparktes Auto, Erreichen des Ziels, eine sichere Richtung, im Ausland feststecken, Routine, Reise

36 KREUZ: Schmerzhafte Reise, mühsame Bewegung, enttäuschende Reise, Bedauern, überbuchte Reise, unglückliche Reise, schwierige Reise, schmerzhafter Abschied

*Ich kann die Richtung des Windes nicht ändern, aber ich kann meine Segel anpassen, um immer mein Ziel zu erreichen. – Jimmy Dean*

# 4 Haus

### SCHLÜSSELWORTE

Zuhause, Familie, Immobilien, Eigentum, gemütlich, Verwandtschaft, Zufluchtsort, vertraute Umgebung, häusliche Angelegenheiten, Innenräume, Marke, Startseite, kleine Gebäude, Zuflucht, Unterschlupf

### BEDEUTUNG

*„Zuhause ist, wo das Herz ist", – Plinius der Ältere.*

Die perfekte Art, die Hauskarte des Lenormand zu beschreiben: Sie repräsentiert dein Haus, deine Familie, deine Verwandten und alle anderen, die in deinen Mauern willkommen sind.

## Lenormand-Haus-Kombinationen

1 REITER: Nachrichten über ein Haus, ein Gästehaus, das Kommen und Gehen im Haushalt, Besuch kommt zu dir nach Hause, Ankunft, Heimkehr, Verehrer:in in der Nähe des Hauses

2 KLEE: Kurzfristige Hausvermietung, vorübergehendes Wohnen, Spaß und Sorglosigkeit, Familie, positive Energie im Haus, „Das Haus" (Casino), glückliche Familie, glückliches Zuhause

3 SCHIFF: Weit weg von zu Hause, Bootshaus, fremder Ort, Haus am Meer, Weggehen, Haus, Garage, Reisen mit der Familie, Kreuzfahrtschiff, Yacht

5 BAUM: Gesunde Familie, Mehrgenerationenfamilie, Abstammung (DNA), Pflegeheim, Heim, wachsende Familie, spirituelle Familie, Blockhaus, Baumhaus, Anbau, Kurort

6 WOLKEN: Verwirrung um ein Familienmitglied, chaotischer Haushalt, Immobiliensucht, unklares Branding, Unruhen im Haus, Aufruhr in der Familie, Irrenhaus, gestörte Familie

7 SCHLANGE: Verrat durch eine nahestehende Person, Probleme mit den Leitungen im Haus, giftiger Haushalt, Vorsicht, Probleme im Haushalt

8 SARG: Beerdigungsinstitut, ein Hospiz, keine Familie, ein Spukhaus, Haus, das Ende einer Familiendynamik, Abschluss, ein leerstehendes Haus

9 BLUMEN: Ästhetisch ansprechendes Haus, Gewächshaus, Frühjahrsputz, gut riechendes Haus, gepflegtes Haus, Stolz auf den Besitz, ein Haus dekorieren

10 SENSE: Beendigung eines Immobiliengeschäfts, getrennte Familie, Scheidung in der Familie, Abschneiden der Familienbande, zerbrochenes Haus

11 RUTE: Unruhen im Haushalt, aktiver Haushalt, kritisches Familienmitglied, Streit in der Familie, konkurrierende Familie, Befragung

12 VÖGEL: Geschwister, Mitbewohner:innen, Vogelhaus, Gespräche über das Haus, Verhandlungen über Immobilien, unerfahrenes Familienmitglied, nervöses Familienmitglied

13 KIND: Neues Haus, Kinder im Haus, kleines Haus (tiny house), Kindertagesstätte, Kinderzimmer, Elternhaus, Erstwohnung, kleine Familie, neuer Ort, ein Spielhaus

14 FUCHS: Manipulatives Familienmitglied, vorsichtig mit Immobilien, Home Office, mit der Familie arbeiten, verdächtiges Familienmitglied, unzuverlässige Beziehung, deine Arbeitsfamilie, störende Nachbarschaft, Manipulation des Immobilienmarktes

15 BÄR: Starke Familie, starke Familienwerte, Restaurant, gut gebautes Haus, die Mutter oder Großmutter der Familie, mächtige Marke, Familienmitglied, matriarchalische Familie, die Speisekammer, eine große Familie

16 STERNE: Traumhaus, gesegnete Familie, Homepage (Social Media), smartes Haus (Technologie), harmonischer Haushalt, astrologische Häuser, Prominente

17 STORCH: Wohnortwechsel (Umzug), das Kinderzimmer, Veränderungen in der Familie, saisonales Haus, Veränderungen im Haus, Nestbau, Auszug, Umgestaltung

18 HUND: Haustiere, Nachbarn oder (deine) Nachbarschaft, Freund:innen der Familie, Mieten, Alarmanlage, das Haus eines Freundes, die Hundehütte

19 TURM: Hotel, befestigtes Haus, Mehrfamilienhaus, isolierte Familie, traditionelle Familie, arrogantes Familienmitglied, Haushaltsvorstand, Regeln des Hauses, etablierter Haushalt, gemiedenes Familienmitglied

20 PARK: Öffentliches Haus, gemeinschaftliches Wohnen, öffentliche Familie, Landschaftsbau, der Hinterhof, Hausgarten, Camping, soziale Familie, öffentliches Eigentum

21 BERG: Ständiger Wohnsitz, entfremdetes Familienmitglied, Basislager, störrisches Familienmitglied, entfernte:r Verwandte:r, blockierte Immobilie

22 WEGE: Familienentscheidungen, mehrfacher Hausbesitz, Entscheidungen über das Haus, Auswahl eines Hauses, Reihenhäuser, alternative Familie

23 MÄUSE: Zerstörung des Hauses, verfallendes Haus (Termiten), beschädigtes Haus, schmutziges Haus, Verkleinerung, notwendige Reparaturen am Haus

24 HERZ: Geliebtes Haus, liebende Familie, Liebeshütte, einladend warmes Haus, der Ofen, der Herd (Kamin), freundliche, wohltätige Familie, Liebe, sich in eine Immobilie verlieben

25 RING: Verbundene Familie, eheliche Wohnung, Kreis des Vertrauens (der Familie), Angebot auf das Haus, engagierte Familie, ehrbare Familie, eng verbundene Familie, der Familie gewidmet, Vertrag über die Immobilie

26 BUCH: Eine geheime Familie, Bibliothek, Studentenwohnheim, Erforschung von Häusern (Immobilien), gebildete Familie, geheime Bude, geheimnisvolles Familienmitglied

27 BRIEF: Besitzurkunde des Hauses, Dokumente, die das Haus betreffen, Nachricht von einem Familienmitglied, Auflistung eines Hauses

28 HERR: Familienvater, Mann des Hauses, männliches Familienmitglied, männlicher Verwandter, Mann mit starken familiären Werten, Gutsherr, Hauseigentümer, Heimkehrer, Heimwerker

29 DAME: Ernährerin, die Dame des Hauses, weibliches Familienmitglied, Haushälterin, weibliche Verwandte, Frau mit starken familiären Werten, Hausherrin, Hausbesitzerin

30 LILIEN: Friedliches Heim, patriarchalische Familie, Vater oder Großvater der Familie, ruhige Energie im Haus, älteres Haus, Großeltern der Familie, Altersheim, gut bewohntes Haus, eine alte Familie, Privatbesitz

31 SONNE: Fröhliches Haus, Sommerhaus, blühende Familie, ein gutes Haus, erfolgreiche Familie, Ferienhaus, helles Haus mit viel Licht, erfolgreiche Marke, Solarium, glückliches Zuhause

32 MOND: Intuitive Familie, magisches Haus, kreative Energie, Kunststudio, Musikstudio, Atelier, emotionales Familienmitglied

33 SCHLÜSSEL: Anerkannte Familie, Schlüssel zum Haus, Portal im Haus (Energie), offenes Haus (Immobilien), offene Familie, eine angesehene Marke, eine unverschlossene Tür, ein angesehenes Mitglied

34 FISCHE: Kneipe oder Cocktail-Lounge, wohlhabende Familie, Anlageobjekt, Kauf oder Verkauf eines Hauses, Hypothek, Kauf von Dingen für das Haus, schwankende Immobilienwerte, Vermögenswerte des Hauses, Hütte oder Ferienhaus

35 ANKER: Grundstück am Wasser, Hütte, Leuchtturm, stabiles Haus, sicheres Haus, Hafen, stagnierende Energie im Haus, sichere Nachbarschaft

36 KREUZ: Ein Mahnmal, Bedauern über den Kauf eines Hauses, schwieriges Familienmitglied, belastetes Familienmitglied, ein Geist im Haus, belastet durch ein Haus, verpflichtet durch ein Familienmitglied, eine religiöse Familie

*Wir formen unsere Behausungen, und danach formen unsere Behausungen uns. – Winston Churchill*

# 5 Baum

### SCHLÜSSELWORTE

Gesundheit, Systeme, eine längere Zeit, Vorfahren, Leben, Wohlbefinden, Vitalität, Natur, Medizin, Spiritualität, Blutsbande, Wachstum, tief verwurzelt, Essenz, Vitalität, DNA, Leben, der Körper, spirituelle Verbindungen

### BEDEUTUNG

Wenn der *Baum* auftaucht, geht es fast immer um Gesundheit und Wohlbefinden. Wenn man die Situation betrachtet, ist der *Baum* ein Hinweis auf etwas, das vor einiger Zeit Wurzeln geschlagen hat, sich langsam entwickelt hat und nun zur Entfaltung kommt. Es wird Früchte tragen.

## Lenormand-Baum-Kombinationen

1 REITER: Nachrichten über Gesundheit, baldige Besserung, schnelle Genesung, Verehrer:in lässt sich Zeit, rasche Genesung, Beweglichkeit, Vitalität

2 KLEE: Kleine Verbesserung der Gesundheit, Diagnose, Glück im Leben, die Chance wächst, das Spiel des Lebens, glücklicher Ausgang in einer gesundheitlichen Situation, Kurze Genesung, Chance für Networking

3 SCHIFF: Gesundheitsbezogene Reise, Reisekrankheit, Autoreparatur, Fahrt im Krankenwagen, Reise wird verlängert, Gesundheit erforschen, fremdes Virus, Reisekrankheit, fremder Körper, großzügiger Lebensstil

4 HAUS: Gesundheitsprobleme in der Familie, wachsende Familie, Heimweh, Stammbaum, Zuhause, familiäre DNA, Vorfahren, Familie, Blutsbande, häusliches Leben

6 WOLKEN: Ungewissheit in Bezug auf einen medizinischen Zustand, psychische Gesundheitsprobleme, Krankheit, Unwohlsein, verwirrende Abstammung, vorübergehende Krankheit, beunruhigender Gesundheitszustand

7 SCHLANGE: Gesundheitsprobleme, Darm- oder Verdauungsbeschwerden, Kundalini, weibliches Gesundheitspersonal, kompliziertes Leiden, verstauchter Knöchel

8 SARG: Krankheit, schwierige Diagnose, Unterdrückung des Immunsystems, erschöpfte Lebenskraft, ungesund, schlechte Gesundheit

9 BLUMEN: Blühendes Wohlbefinden, blühende Gesundheit, kosmetischer Eingriff, wunderschönes Leben, süßer Nektar, ätherische Öle, gesundheitsfördernd, Blumen wachsen, wunderbares Wachstum, Wertschätzung der Vorfahren, ein wunderbares Leben

10 SENSE: Plötzliche Krankheit, notwendige Operation, Injektion (Immunisierung), Gefahr für deine Gesundheit, Narbe, du erntest, was du säst, dein Leben sortieren, dein Leben, Knochenbruch, Biopsie

11 RUTE: Muskelschmerzen, Leben in Frage stellen, Sportverletzung, Rehabilitation, Krankheit, sexuelle Dysfunktion oder Impotenz, sexuelle Heilung, sexuelle Vitalität

12 VÖGEL: Tratschen über die Gesundheit von jemandem, Gespräch über Gesundheit, Halsschmerzen, Halsentzündung, Angststörung, Telemedizin, Gespräch über Spiritualität, Nervensystem

13 KIND: Kinderkrankheit, neue Gesundheitskur, kleines Gesundheitsproblem, das Immunsystem, neues Wachstum, neues Leben, kleine Krankheit

14 FUCHS: Manipulation des Gesundheitssystems, Arbeitsleben, Fehldiagnose, Gesundheitsproblem, Vortäuschen einer Krankheit, Einholen einer zweiten Meinung, Überstunden, Betrug am Gesundheitssystem

15 BÄR: Gewichtsbedingte Gesundheitsprobleme, Nahrungsmittelallergien, Essstörung, großer Familienstammbaum, starker Virus, ein großer Baum

16 STERNE: Wunsch nach besserer Gesundheit, positive Prognose, elektrisches System, Genesung, Gesundheitssystem, DNA-Stränge, der Astralkörper, positives Leben, entfremdet, spirituell, das Sternensystem

17 STORCH: Veränderung der Gesundheit, fortschreitender Gesundheitszustand, Veränderung des Lebens, Geburt oder Wiedergeburt, Schwangerschaft, Veränderung des Gesundheitszustandes, spirituelle Entwicklung

18 HUND: Beeinträchtigung des Geruchssinns, Notwendigkeit ärztlicher Hilfe, Therapie, Therapiehund, Freunde fürs Leben, Befolgen von medizinischen Ratschlägen, Schutz der Gesundheit, Freundschaft wächst, vertraute spirituelle Verbindung, Unterstützungssystem

19 TURM: Staatliches Gesundheitssystem, Krankenhaus, Klinik, vergangenes Leben, Isolation, Strafjustizsystem, offizielle Diagnosen, bewährtes System, das Rückgrat (Wirbelsäule)

20 PARK: Öffentliche Gesundheit, Gruppenheilung, öffentliches Gesundheitsinteresse, öffentliches Leben, Erdung, Wald, Park, ein Garten wächst, Versammlung in der Natur

21 BERG: Rückschlag in der Gesundheit, blockadebedingte Krankheiten, verzögerte Genesung, blockiertes spirituelles Wachstum, Fernheilung, behindertes Wachstum, stagnierendes Wachstum

22 WEGE: Mehrere Behandlungen, Weg zur Spiritualität, alternative Medizin, mehrere Leben, Entscheidung über Gesundheit, alternative Behandlung, Suche nach einer zweiten Meinung, Möglichkeit, Wurzeln zu schlagen

23 MÄUSE: Sich verschlechtern, das eigene Leben sabotieren, erschöpft, stressbedingte Krankheit, abnehmende Gesundheit, eine Epidemie, korruptes Gesundheitssystem, geschwächtes Immunsystem, Pandemie, weit verbreitete Krankheit

**24 HERZ:** Liebe wächst, gesunde Beziehung, Initialen auf einem Baum, Gesundheit des Herzens, liebevolle spirituelle Verbindung, liebevolles Leben, längere Beziehung

**25 RING:** Wiederkehrendes Gesundheitsproblem, Kreislauf des Lebens, Verpflichtung zu einem gesunden Lebensstil, Eheleben, das Kreislaufsystem, kontinuierliche Behandlung

**26 BUCH:** Geheimes Leben, Medizinstudium, Erforschung von Symptomen, Studentenleben, Erinnerung an einen Vorfahren, geheime spirituelle Verbindung, mysteriöses Leiden, Bildungssystem

**27 BRIEF:** Rezept, Gesundheitszeugnis, Arztbrief, Ergebnisse, Brief über deine Gesundheit, senden von Heilungsschwingungen

**28 HERR:** Schamane, geduldiger Mann, spiritueller Mann, gesunder Mann, männlicher Vorfahre, Arzt, Medizinmann, männliche Abstammung, natürlicher Mann

**29 DAME:** Heilerin, geduldige Frau, spirituelle Frau, gesunde Frau, weibliche Ahnin, Ärztin, Medizinfrau, weibliche Abstammung, natürliche Frau, fruchtbare Frau

**30 LILIEN:** Altersbedingte Gesundheitsprobleme, Altern, Arthritis, alte Krankheit, ein Leben lang

**31 SONNE:** Gute Gesundheit, Genesung, Sonnenbrand, gute Gesundheit, erfolgreiches Leben, Willenskraft, zu heilen, Austrocknung, Sonnenpflege, Vitamin D, Sonnentherapie, Solaranlage, Heizung, System, Gedeihen

**32 MOND:** Hormonbedingte Gesundheitsprobleme, Reiki-Praxis, psychische Heilung, emotionale Gesundheit, intuitives Leben

**33 SCHLÜSSEL:** Antworten auf eine Gesundheitsfrage, karmisches Leben, Wachstum, Offenheit, mehr Zeit investieren, Bedeutung der Gesundheit, bedeutendes Gesundheitsanliegen

34 FISCHE: Flüssigkeitszufuhr erforderlich, Wassertherapie, tief verwurzelt, finanzielle Gesundheit, ernste Gesundheitsprobleme, finanzielles Leben

35 ANKER: Stabiles Wachstum, anhaltende Krankheit, das Becken, ernsthafte gesundheitliche Bedenken, eine Zeit lang feststecken, langanhaltend und ausgedehnt

36 KREUZ: Leiden, Schmerz, Belastung des Gesundheitssystems, religiöses Leben, behindertes Wachstum, Krankheit, Belastung

*Du kennst mich, ich finde,*
*da sollte ein großer alter Baum stehen.*
*Und wir sollten ihm einen Freund geben.*
*Jeder braucht einen Freund.*
*– Bob Ross*

# 6 Wolken

## SCHLÜSSELWORTE

Verwirrung, Traurigkeit, Missverständnisse, Zweifel, Ungewissheit, getrübtes Urteilsvermögen, Chaos, Unklarheit, schlechtes Wetter, Unsicherheit, Verzweiflung, Depression, der Geist, versteckt, Angst, Probleme, Süchte, verdeckt

## BEDEUTUNG

Wenn *Wolken* in deiner Umgebung auftauchen, denke daran, dass auch dies vorübergehen wird. Die *Wolke* ist eine Karte der Instabilität und Unklarheit und bedeutet, dass etwas verborgen ist, – aber nicht für lange.

### Lenormand-Wolken-Kombinationen

1 REITER: Junger Mann schützt sich durch seine Fassade, Nachrichten lösen Zweifel aus, schnelllebiger Sturm, Bewegung ist sprunghaft, ankommende Nachrichten sind unklar, Verehrer:in ist verwirrt, die Ankündigung ist vage

2 KLEE: Kurzer Ärger, Glück ist ungewiss, kurzzeitige Angst, Spielsucht, flüchtige Wolken, Schimmer des Glücks kommt durch

3 SCHIFF: Reisestrapazen, zielloses Herumtreiben, fremde Unruhen, Bewegung durch die Angst, Erforschung der geistigen Gesundheit, Reise zweifelhaft

4 HAUS: Familiendynamik ist verwirrend, Schutz vor dem Regen, Familienchaos, familiäre Missverständnisse, Haus ist dunkel, Familienmitglied ist traurig, ein Familienmitglied versteckt sich, ein Familienmitglied fühlt sich nicht wohl

5 BAUM: Verwirrung, medizinische Vertuschung, Kopf in den Wolken, Gesundheitsprobleme, geistiges Chaos, psychische Schwierigkeiten, wachsende Unruhe

7 SCHLANGE: Große Missverständnisse, Komplikationen, Zweifel, in die Irre geführt werden, Probleme, aufkeimender Ärger, Wunsch ist vage, Lügen verursachen Verwirrung

8 SARG: Das Ende verursacht Traurigkeit, Ende mit Missverständnis, verschüttete Traurigkeit, überwältigender Kummer, der Zweck heiligt die Mittel, keine Angst, Verlust und Trauer, schlechtes Wetter

9 BLUMEN: Ironie, Durchbruch, ziemlich launisch, ein Mauerblümchen, schöner Geist, Upgrade

10 SENSE: Plötzlicher Zweifel, Traurigkeit, Verwüstung anrichten, unwiderrufliches Missverständnis, gefährlicher Zweifel, Verwirrung, lichtet die Wolken, Adrenalinjunkie

11 RUTE: Argumente schaffen Unsicherheit, sexuelle Verwirrung, Sexsüchtig, quälende Depression, sexuelles Missverständnis, Infragestellung der eigenen Realität

12 VÖGEL: Hörensagen schafft Zweifel, doppelter Ärger, ängstlich und verängstigt, Unruhe, Klatsch und Tratsch schafft Ärger, unbeständiges Wetter, Angststörung

13 KIND: Kleines Missverständnis, neue Zweifel, Verwüstung spielen, kleine Depression, große Unsicherheit, ein bisschen traurig, leichte Angst, ein bisschen Ärger

14 FUCHS: Über den Tisch ziehen, Missverständnisse, Workaholic, Jobunsicherheit, geschickt versteckt, Manipulation verursacht Ärger, Mitarbeiter:in verursacht Ärger, im Schutze der Dunkelheit, Unruhe am Arbeitsplatz

15 BÄR: Übermächtige Traurigkeit, große Zweifel, großes Missverständnis, Esssucht, Chef hat Urteilsvermögen getrübt, gewaltiger Sturm

16 STERNE: Cloud-Speicher, Creative Cloud, Hoffnung lugt durch die Wolken, Zweifel ausräumen, klarer Verstand, ein Silberstreif, Depression erkennen, Verwirrung auflösen

17 STORCH: Umzug verursacht Zweifel, der Umzug ist unsicher, lange Traurigkeit, Sinneswandel, Veränderung ist zweifelhaft, Fortschritt ist getrübt, Wischiwaschi, Wochenbettdepression

18 HUND: Loyalität ist unsicher, Hilfe bei psychischen Krankheiten, Therapie, auf psychische Gesundheit achten

19 TURM: Reha-Zentrum, Einsamkeit wird versteckt, Gesellschaft, Aufruhr, Isolation ist verwirrend, vergangener Kummer, Isolation verursacht Angst

20 PARK: Öffentliche Ungewissheit, Massenverwirrung, öffentliches Chaos, öffentliche Stimmung, öffentliche Angst, Sammlung der Gedanken, soziale Unruhe

21 BERG: Straßensperre verursacht Verwirrung, sturer Geist, Rückschlag verursacht Traurigkeit, Erdrutsch, Hindernisse verursachen Zweifel, anhaltende Traurigkeit

22 WEGE: Wahl ist unklar, Entscheidung bringt Traurigkeit, Zögern, Weg ist unsicher, Entscheidung verursacht Zweifel, Wahl ist beunruhigend

23 MÄUSE: Sorgen verursachen Angst, große Zweifel, jemand stiehlt dir die Show, ein Durcheinander, zwanghafte Gedanken, abnehmende Traurigkeit, schädliche Gedanken

24 HERZ: Liebe ist unsicher, Zuneigung wird missverstanden, Beziehungswirren, Zuneigung wird versteckt, die Beziehung wird verurteilt

25 RING: Vertrag ist unklar, Vereinbarung ist verwirrend, Ehe ist zweifelhaft, Einigung ist ungewiss, Ärger

26 BUCH: Bildung ist ungewiss, Geheimnisse, erinnern, Forschung ist nicht schlüssig, Forschung verursacht Zweifel, Informationen werden verschleiert, Geheimnisse verursachen Ärger

27 BRIEF: Botschaften sind vage, SMS verursacht Ärger, Botschaften erzeugen Zweifel, Dokumente sind unklar, Ergebnisse sind nicht schlüssig

28 HERR: Verwirrter Mann, trauriger Mann, launischer Mann, beunruhigter Mann, depressiver Mann, labiler Mann, zwielichtiger Mann, Mann voller Zweifel

29 DAME: Verwirrte Frau, traurige Frau, launische Frau, beunruhigte Frau, depressive Frau, zwielichtige Frau, rebellische Frau, Frau voller Zweifel

30 LILIEN: Älterer Mensch ist verwirrt (Alzheimer-Krankheit), Winterblues, Ruhestand ist unklar, Seelenfrieden, Ärger im Ruhestand, Kaltfront

31 SONNE: Ein Silberstreif am Horizont, der bewusste Verstand, ein Regenbogen, hier kommt die Sonne, Willenskraft, die Sonne scheint durch die Wolken (Erleuchtung), die Dinge werden besser

32 MOND: Verwirrung, Mondverrücktheit, Mondphasen beeinflussen deine Stimmung, Stimmungsschwankungen, Niedergeschlagenheit, vage Gefühle, Phasen des Zweifels, Gefühl der Bodenlosigkeit, das Unterbewusstsein, emotionaler Aufruhr

33 SCHLÜSSEL: Aufdecken von etwas Verborgenem, karmische Probleme, Aufdecken einer psychischen Krankheit, Lösung für deine Probleme, erhebliche Zweifel

34 FISCHE: Regen, Schwarzmarkt, Kaufsucht, versteckte Ausgaben, Geldprobleme, Geldsorgen

35 ANKER: Fehlende Stabilität, massive Zweifel, Sturheit, Widerstand ist zwecklos, Traurigkeit, schlechtes Urteilsvermögen, in Angst feststecken, langanhaltende Traurigkeit

36 KREUZ: Schmerz ist verwirrend, große Angst, ein heiliger Schrecken, Traurigkeit, unruhiger Geist, extremes Bedauern, großer Kummer, der Kampf ist real, gelähmt vor Angst, große Gewissensbisse

*Im Leben geht es nicht darum, darauf zu warten, dass der Sturm vorüberzieht. Es geht darum, zu lernen, im Regen zu tanzen.*
*– Vivian Greene*

# 7 Schlange

## SCHLÜSSELWORTE

Komplikationen, Verführung, Verrat, Affären, Feind, Begehren, giftig, Lügen, Neid, Probleme, Täuschung, Anziehung, Transformation, Eifersucht, Probleme, Versuchung, Verlockung

## BEDEUTUNG

Wenn sich die gewitzte *Schlange* in deine Deutung hineinschlängelt, ist das eine Warnung für dich, innezuhalten. Schaue auf alle umliegenden Karten, um zu sehen, wo das Problem liegt und wie ernst es ist oder sein wird. Traditionell repräsentiert diese Karte die „andere Frau".

### Lenormand-Schlange-Kombinationen

1 REITER: Nachrichten sind trügerisch, Ankündigung verursacht Probleme, Besuch verursacht Probleme, jemand ist eifersüchtig, schnelle Verführung

2 KLEE: Gelegentliches Verlangen, Glücksbringer, Spiel der Verführung, Glücksspiel, grün vor Neid

3 SCHIFF: Reise ist transformativ, Erforschung von Wünschen, Reisekomplikationen, Touristenattraktion, Reisen, um jemanden zu sehen

4 HAUS: Häusliche Probleme, Grundstückskomplikationen, Hausneid, die Rohre oder Leitungen des Hauses, ein:e Verwandte:r ist unzuverlässig, Familienprobleme

5 BAUM: Gesundheitsprobleme (möglicherweise Darm oder Eingeweide), langfristige Affäre, medizinische Komplikation, spirituelle Transformation, wachsende Lüge, geistige Anziehung, wachsendes Verlangen

6 WOLKEN: Verborgene Anziehung, ominöse Bedrohung, verborgenes Verlangen, Ärger, versteckte Affäre, versteckte Lügen, verbergen eines Problems, verborgener Feind

8 SARG: Verrat, verschüttetes Verlangen, der Kreislauf von Leben/Tod/Wiedergeburt, Beendigung, Affäre, Anziehung, schlechte Lüge, Transformation, schlechter Feind, Ende mit einer Wendung, Vorahnung eines Problems, Ablegen deiner Haut

9 BLUMEN: Anziehungskraft, der Schein hat sich gewandelt, Flirten, Geschenk für andere Frau, aufblühende Anziehungskraft, Angeber:in, überraschende Wendung, Lob für die eigene Verwandlung, Geschenk einer Halskette oder Armbandes

10 SENSE: Chirurgische Schwierigkeiten, Verrat, scharfe Zunge, plötzliche Anziehung, geplatzte Rohre, durchgeschnittene Drähte, gefährliche Anziehung, gefährliches Problem

11 RUTE: Sexuelle Anziehung, Verrat, sexuelles Verlangen, wiederholte Lügen, starke sexuelle Energie, auffällig werden, sexuell verführerisch, sexuelle Probleme, Sex mit anderen, eine Pole-Tänzerin, eine Stripperin, Fremdgehen

12 VÖGEL: Reden mit Neid (gespaltene Zunge), Lügen twittern, das Paar verdient einander, verführerisch reden, über eine andere Frau tratschen, nervös über erzählte Lügen, beunruhigende Probleme

13 KIND: Unreife verletzende Frau, leichtes Ziel, neues Problem, unreife Begierden, neuer Feind, kleine Lüge, kleine Affäre, kleines Problem

14 FUCHS: Arbeitsprobleme, manipulative Lügen, Komplikation, geschickte Verführung, schlauer Betrug, heimlich mit jemand anderem zusammen sein, Mitarbeiterprobleme

15 BÄR: Mächtiger Feind, große Probleme, starke Anziehung, übermächtige Eifersucht, großes Verlangen, Essensgelüste, Essensprobleme, starke Versuchung, große Frau, furchtbarer Feind, große Lüge, großer Verrat

16 STERNE: Hoffnung auf Verwandlung, Online-Anziehung, Wi-Fi-Probleme, Entlarvung der Lüge, elektrische Drähte, von einer anderen Frau träumen, elektrische Probleme

17 STORCH: Umzug ist problematisch, Veränderung bringt Transformation, Babyfieber, Verwandlung (sich häuten), saisonale Anziehung

18 HUND: Loyalität wird verraten, Feind, Freund lügt, Erkennen einer Lüge, du unterstützt eine andere Frau, du erhältst Hilfe bei einer Verwandlung, achte auf Komplikationen

19 TURM: Endlose Bürokratie, Komplikationen, Affäre, rechtliche Probleme, große Lügen, das Gesetz der Anziehung, sehr egozentrisch, offizielle Gefahr, Regierungslügen

20 PARK: Öffentlicher Feind, nicht wie angekündigt, öffentliche Attraktion, Treffen verursacht Probleme, öffentliche Affäre, Frauengruppe, Komplikationen beim Treffen, öffentliches Problem, öffentliche Lügen

21 BERG: Unüberwindbare Komplikationen, sture Frau, große Probleme, Verzögerung verursacht Probleme, verräterischer Feind, hartnäckiges Problem, unflexibel sein, verstopfte oder blockierte Rohre

22 WEGE: Du folgst deinem Wunsch, die Wahl ist problematisch, die Entscheidung bringt Veränderung, Affären, unbekannte Frau

23 MÄUSE: Nachlassendes Verlangen, schwindende Anziehungskraft, Situation verschlechtert sich, besorgt über Probleme, schmutzige Lügen, den Feind zermürben, beschädigte Drähte/Rohre

24 HERZ: Beziehungsneid, brennendes Verlangen, Beziehung ist verdreht, Liebe wird verraten, Herzensangelegenheiten, Beziehungsprobleme, Herzenswunsch

**25 RING:** Umgeben von Eifersucht, laufende Affäre, Eheprobleme, Lügen, Geschäft ist verlockend, eheliche Affäre, Kreis der Täuschung

**26 BUCH:** Geheimnisse und Lügen, eine heimliche Affäre, eine Leiche im Keller, heimliches Verlangen, Erinnerung an eine Affäre, ein heimlicher Feind, Information ist transformativ

**27 BRIEF:** Nachricht verursacht Probleme, SMS an eine andere Frau, die Nachricht ist trügerisch, Nachrichten von einer anderen Frau, Ergebnisse sind kompliziert, Kommunikationsprobleme, Nachricht des Verrats

**28 HERR:** Verführerischer Mann, unehrlicher Mann, betrügerischer Mann, männlicher Feind, eifersüchtiger Mann, charmanter Mann (Schlangenbeschwörer), trügerischer Mann, gemeiner Mann, Prinz Charming

**29 DAME:** Verführerische Frau, unehrliche Frau, betrügende Frau, weibliche Energie, giftige Frau, eifersüchtige Frau, auffällige Dame, gemeine Frau, sinnliche Frau, weiblicher Feind, kurvige Frau

**30 LILIEN:** Alte Lüge, alter Feind, alte Affäre, alte Klempnerarbeit, kaltblütige Schlange, altes Problem

**31 SONNE:** Die Wahrheit scheint durch, Probleme lösen, wahrer Feind, Mut nach Widrigkeiten, Wachstum nach einer Verwandlung, Erfolg nach Komplikationen, Erleichterung von Schwierigkeiten

**32 MOND:** Wünsche verwirklichen, kreative Lügen, intuitive Frau, emotionale Affäre, sich verraten fühlen, emotionale Probleme, Verlangen

**33 SCHLÜSSEL:** Karmische Anziehung, Lösung eines Problems, Antworten, Offenbarung eines Wunsches, offenes Fremdgehen, bedeutsame Veränderung, eindeutiger Betrug, Aufdecken einer Lüge, Erklärung eines Betrugs, Aufdeckung eines Komplotts

**34 FISCHE:** Geldprobleme, Ausgabenprobleme, finanzielle Lügen, Ausgaben über LIMIT, Geldflussprobleme, Gier, Geschäftsbetrug, Verrat

35 ANKER: Verstrickt in Täuschung, langjährige Lüge, ständiger Betrug, ernsthafte Probleme, lang andauernde Affäre, den Bach runtergehen, Routineprobleme

36 KREUZ: Von Problemen belastet, schwerer Betrug, schändliche Lügen, brutaler Feind, schreckliche Komplikationen, vom Feind zum Opfer gemacht, schmerzhafter Betrug, Last der Lügen

*So wie eine Schlange sich häutet,*
*müssen wir unsere Vergangenheit immer wieder abstreifen,*
*immer und immer wieder.*
*– Jack Kornfield*

# 8 Sarg

## SCHLÜSSELWORTE

Trauer, Ende, abgelaufen, Endgültigkeit, Stille, Vollendung, Loslassen, Furcht, Verlust, Leere, Nichts, Abschluss, endgültiges Ergebnis, Nein, Negativität, Begraben, Stopp, geschlossen

## BEDEUTUNG

Wenn der schwere *Sarg* auftaucht, bringt er eine Art Endgültigkeit mit sich; du kannst sicher sein, dass etwas in deinem Leben zu Ende geht, was zu einer großen Transformation führen wird.

### Lenormand-Sarg-Kombinationen

1 REITER: Nachrichten über ein Vergehen, Ankündigung eines Endes, Nachrichten über ein Ende, durch Trauer gehen, kranker junger Mann

2 KLEE: Glückliches Ende, Glück ist flüchtig, das Glück geht zu Ende, kurze Krankheit, leichte Krankheit, Spiel vorbei

3 SCHIFF: Ende der Reise, Abschied, Reise geht zu Ende, Bewegung zum Abschluss, Schiffbruch, Reiseverbot

4 HAUS: Hauseintrag läuft aus, Familienkummer, Trost ist zu Ende, trauernde Familie, Haus wird abgerissen, Haus wird verkauft

5 BAUM: Spirituelles Ende, fallende Blätter, Herbst, Thema Leben und Tod, tief verwurzelter Kummer, Diagnose

6 WOLKEN: Verwirrendes Ende, psychische Krankheit, großer Verlust, Depression, Traurigkeit und Leere, Gleichgültigkeit, verwirrende Krankheit, großer Kummer, Nachdenken über Sterblichkeit, Angst vor dem Sterben

7 SCHLANGE: Komplikationen, flexibles Ende, großer Übergang, Verführung endet, toxisches Ende, Transformation, kompliziertes Ende

9 BLUMEN: Gedenkfeier, sich künstlerisch ausdrücken, seine Kunst zeigen, Kunst, angenehmes Ende, Geschenk in einer Schachtel, überraschender Ausgang, Erlösung

10 SENSE: Abruptes Ende, niedergeschlagen, Schweigen, Schadensbegrenzung, Katastrophe, unerwartete Krankheit, Abschluss

11 RUTE: Konflikt endet, Orgasmus (kleiner Tod), Sex endet, Muskelverlust, Wettbewerb endet

12 VÖGEL: Paar macht Schluss, Klatsch hört auf, Angst endet, Trauerrede, Gespräch bricht ab, keine Verbindung

13 KIND: Unschuld endet, Neuanfang nach einem Ende, Transformation, kurze Krankheit, neues Ende, kleine Stille

14 FUCHS: Verlust des Arbeitsplatzes, Schuld führt zur Leere, das Ergebnis oder den Ausgang manipulieren, Job endet, Kündigung, Verdacht

15 BÄR: Die Führung endet, der Machtkampf endet, die Diät endet, Überheblichkeit, Trauer, großes Ende, großes Finale, großer Verlust

16 STERNE: Klares Ende, es gibt Hoffnung am Ende, Erleichterung am Ende, hoffnungsvoller Ausgang, ein Licht leuchtet in der Dunkelheit, vielversprechendes Ende

17 STORCH: Weitergehen und loslassen, Veränderungen, Änderung des Ergebnisses, endgültig weggehen, die Phasen der Trauer durchlaufen, bedeutungsschwangeres Schweigen

18 HUND: Eine Freundschaft endet, Unterstützung bei einem Verlust, behütetes Schweigen, jemandem beistehen

19 TURM: Entlassung, Krankenhausaufenthalt, die Vergangenheit muss losgelassen werden, offizielles Ende, offizielles Schweigen, formelle Trauer, alte Grabstätte, hartnäckige Krankheit

20 PARK: Öffentliches Gedenken, eine Pandemie, öffentliches Ende, öffentliche Trauer, Versammlung zum letzten Mal, Verlust der Mannschaft, der Platz ist leer

21 BERG: Hindernisse am Ende, hartnäckiges Schweigen, Verzögerungen verursachen Verlust, verzögertes Ergebnis, Vergehen, teilnahmslose Traurigkeit, ein:e Einsiedler:in, Stille und Schweigen, Kummer

22 WEGE: Entscheidung beeinflusst den Ausgang, Weg endet, Trennung verursacht Leere, Wahl am Ende, ungewöhnliches Ende, Unentschlossenheit, alternatives Ende, Straße ist leer

23 MÄUSE: Angst, sehr erschöpft, Leere, Krankheit, Verwelken, Ende

24 HERZ: Beziehung endet, Liebe endet, mitfühlendes Ende, Herzschmerz, Liebeskummer, berührendes Vergehen

25 RING: Vereinbarungen werden beendet, Verpflichtung endet, Verträge laufen aus, Geschäft ist verloren, Geschäft ist endgültig

26 BUCH: Die Ausbildung ist abgeschlossen, Geheimnisse werden zum Schweigen gebracht, Buch der Toten, ein Bücherregal

27 BRIEF: Ein Testament, eine Sterbeurkunde, ein Nachruf, die Korrespondenz endet, Beileidsbekundungen, Epilog (ein Ende schreiben)

28 HERR: Negativer Mann, Witwer, unglücklicher Mann, verschlossener Mann, verstorbener Mann, stiller Mann

29 DAME: Negative Frau, Witwe, unglückliche Frau, verschlossene Frau, verstorbene Frau, stille Frau

30 LILIEN: Friedliches Vergehen, heiteres Ende, diskretes Ende, alte Krankheit, verflossen, alter Kummer, Kälte endet

31 SONNE: Erfolgreiches Ende, glückliches Ende, Verbesserung der Krankheit, glücklicher Abschluss, Licht am Ende des Tunnels, ein mutiges Ende finden, besser als erwartetes Ergebnis, der Phönix steigt aus der Asche empor

32 MOND: Leerlauf – Void of course (Mond), kreative Blockade, Gefühl der emotionalen Leere, Medialität, nichts fühlen

33 SCHLÜSSEL: Schicksalhaftes Ende, endlich Antworten, karmisches Ende, Erleichterung durch Loslassen, Antwort ist vielleicht, Möglichkeit taucht aus der Asche auf

34 FISCHE: Zahlungen enden, finanzieller Verlust, ein Safe (Sparbüchse), Geschäftsaufgabe, leere Kassen

35 ANKER: In einem Zustand der Trauer feststecken, langanhaltende Leere, Unfähigkeit, loszulassen, an einem Ende festhalten, Routineergebnis, feststecken und nicht loslassen können, von Trauer gefesselt

36 KREUZ: Schmerzhafter Ausgang, kritisches Ende, Krankheit, Selbstaufopferung, Märtyrer sein, durch Schweigen belastet, Lektion am Ende gelernt, einen Verlust erlitten

*Die kleinsten Särge sind die schwersten.*
*– Ernest Hemingway*

# 9 Blumen

**SCHLÜSSELWORTE**

Einladung, Geschenk, Überraschung, Schönheit, Vergnügen, charmant, Blumen, Anlass, süß, blühend, auffällig, Präsentation, Design, Kunst, Farbe, Wertschätzung, angenehm, Dankbarkeit, Ästhetik, Mode, Anzeige, Osten

**BEDEUTUNG**

Wenn die *Blumen* als Karte der Schönheit in einer Deutung auftauchen, sind sie immer als eine positive Karte zu sehen. Sie beeinflussen alle umliegenden Karten mit ihrer positiven Wirkung.

## Lenormand-Blumen-Kombinationen

1 REITER: Die Nachricht ist ermutigend, die Begegnung ist wunderbar, eine Einladung zum Tanzen, Ankunft aus dem Osten, Empfang von Blumen, der Besuch ist angenehm

2 KLEE: Das Glück blüht, vorübergehendes Vergnügen, glückliche Gelegenheit, informelle Einladung, zwanglose Gelegenheit, Gelegenheit klopft an, überraschende Einladung

3 SCHIFF: Abreise, Geschenk, Reise nach Osten, fremde Schönheit, Messe, Erkundung, Dankbarkeit, Reiseeinladung, Abschiedsfeier, internationale Mode

4 HAUS: Hausbesichtigung, Home Staging, „Home Sweet Home", Familie gedeiht, Wohnkultur, Hausausstellung, ein Haus im Osten, Markenästhetik, Einweihung

5 BAUM: Gesundheit ist optimal, Spiritualität blüht auf, Blüte, spirituelle Dankbarkeit, Gesundheits- und Wellness-Show, Wohlbefinden, Genesung, Aufblühen, Body Sculpting, natürliche Schönheit

6 WOLKEN: Regen, obskure Einladung, trauriger Anlass, schwieriger kosmetischer Eingriff, dunkle Kunst, ein Sturm braut sich im Osten zusammen, verstecktes Juwel

7 SCHLANGE: Verlangen nach Schönheit, Verlangen nach Aufmerksamkeit, attraktive Frau, verführt durch Schmeicheleien, verführerische Schönheit

8 SARG: Ende der Annehmlichkeiten, aus der Mode gekommen, einen Samen pflanzen, Gedenkblumen, Ende des Glücks, letztes Geschenk, Ablehnung einer Einladung, sterbende Blumen, Schönheit bewahren

10 SENSE: Schnittblumen, unerwartete Einladung, Abschneiden der Annehmlichkeiten, Rasieren, chirurgischer Eingriff (kosmetisch)

11 RUTE: Sexuelle Schmeichelei, Striptease, Sex & Candy, sexuelle Befriedigung, wiederholtes Vergnügen, sexuelles Vergnügen, erotische Kunst

12 VÖGEL: Gespräch ist angenehm, hektischer Anlass, mündlicher Vortrag, verbale Einladung, nach Osten fliegen, gute Kommunikation, über Mode reden, Kunst besprechen, Verhandlungen sind angenehm

13 KIND: Kleines Geschenk, kleines Zeichen der Wertschätzung, Geburtstagsfeier, kleine Präsentation, Geburtstagsgeschenk, kleine Freude, erstes Date, kleine Dankbarkeit, jugendliche Schönheit

14 FUCHS: Wertschätzung der Mitarbeiter:innen, Betrug, verdächtige Einladung, falsche Schmeichelei, oberflächliche Schönheit, Arbeitsvorstellung, Job im Osten, Arbeitseinladung, Ausnutzen

15 BÄR: Einfluss nehmen, Großzügigkeit, Kunst, Einladung, großes Geschenk, kräftige Farben, große Wertschätzung, großer Blumenstrauß, große Präsentation

16 STERNE: Träume blühen auf, Hoffnung blüht auf, höchste Anerkennung, technische Präsentation, digitale Kunst, ermutigende Aufforderung, atemberaubende Schönheit, Nordosten

17 STORCH: Veränderung ist schön, der Umzug ist angenehm, Neugestaltung, Umzug nach Osten, Babyparty, Umtausch von Geschenken, Veränderung des Aussehens, Frühling, Frühlingsblumen

18 HUND: Freundlicher Anlass, freundliche Wertschätzung, bedingungslose Dankbarkeit, Hundeausstellung, freundliche Einladung, hilfreiches Geschenk

19 TURM: Formelle Einladung, offizielles Dankeschön, vergangener Anlass, formelle Präsentation, Turm im Osten, großartiges Design, (eingebildete) Schönheit, traditionelles Geschenk

20 PARK: Öffentlicher Anlass, Mannschaftsdank, Sitzungspräsentation, öffentliche Ausstellung, gesellschaftliche Einladung, populäre Mode, Gruppeneinladung, Gartenschau, Wildblumen

21 BERG: Zurückhaltendes Vergnügen, rustikales Dekor, verspätete Einladung, blockierendes Vergnügen, Permanent Make-up, Tätowierung, anspruchsvolles Design, Berg im Osten

22 WEGE: Die Wahl wird präsentiert, ein Geschenk auswählen, entscheiden, wen man einlädt, ostwärts gehen, alternative Kunst, Dankbarkeit, Farben wählen, viele Geschenke, wähle den Weg nach Osten

23 MÄUSE: Etwas Schönes verdirbt, getrocknete Blumen, gestohlenes Geschenk, vermindertes Vergnügen, verblassende Schönheit, eine Einladung ablehnen, einen Anlass ruinieren, gestohlenes Geschenk

24 HERZ: Aufkeimende Romantik, herzliche Einladung, aufblühende Liebe, freundliche Geste, Herz voller Dankbarkeit, liebevolles Geschenk, aufrichtige Wertschätzung, Großzügigkeit, Liebesgedicht

25 RING: Einigung ist befriedigend, Hochzeitseinladung, Geschäft ist günstig, Hochzeitsblumen, Heiratsantrag, anhaltende Dankbarkeit

26 BUCH: Heimliche:r Verehrer:in, heimliches Geschenk, Studium der Kräuterkunde, Erforschung der Kunst, Abschluss mit Auszeichnung, geheime Wertschätzung, Buchmesse, schöne Nachricht

27 BRIEF: Eine Einladung, ein Anerkennungsschreiben, Gedichte schreiben, Glückwunschschreiben, Glückwunsch, Botschaft der Bewunderung, Blumen schicken, eine schriftliche Präsentation

28 HERR: Geselliger Mann, hübscher Mann, eingebildeter Mann, reizender Mann, wunderbarer Mann, rücksichtsvoller Mann, Künstler, auffälliger Mann, dankbarer Mann, süßer Mann, poetischer Mann, höflicher Mann

29 DAME: Society Lady, schöne Frau, modische Frau, Künstlerin, eingebildete Frau, reizende Frau, wunderbare Dame, rücksichtsvolle Frau, schicke Frau, dankbare Frau, süße Frau, angenehme Frau, poetische Frau, höfliche Frau

30 LILIEN: Friedlicher Anlass, Geschenk zum Ruhestand, privater Anlass, Lilien, alte Einladung, reine Wertschätzung, anmutig altern

31 SONNE: Sonnenaufgang, glücklicher Anlass, Fröhlichkeit, Glück, herzliche Komplimente, warme Dankbarkeit, fröhliche Feier, eine Sonnenblume, Feiertagsdekoration, wahre Schönheit, Südosten

32 MOND: Kreative Präsentation, eine Mondblume, intuitive Geschenke, ein Mondgesicht, kreative Kunst, kreative Dekoration, sich schön fühlen, intuitive Kunst

33 SCHLÜSSEL: Wichtiger Anlass, wichtige Präsentation, Lösung wird präsentiert, Eröffnungszeremonien, offene Einladung, schöne Kunst, ein Geschenk öffnen

34 FISCHE: Geldgeschenk, tiefe Dankbarkeit, geschäftliche Überraschung, Kunstkauf, Geld für Schönheitsprodukte, Einkaufen, Geschäftspräsentation, Firmengeschenke, Anerkennung

35 ANKER: Dauerhafte Dankbarkeit, Küste, Strandhaus, solide Präsentation, sichere Präsentation

**36 KREUZ:** Obligatorisches Geschenk, unglücklicher Anlass, Andachtskunst, belastet durch eine Einladung, negative Überraschung, schwieriger Anlass, religiöser Anlass, religiöses Geschenk, dauerhaft fröhliche Einstellung

*Stell dir vor, du hältst einen wunderschönen duftenden Blumenstrauß in der Hand.*
*– Earl Nightingale*

# 10 Sense

## SCHLÜSSELWORTE

Plötzlich, unwiderruflich, trennen, entfernen, teilen, sammeln, schneiden, ernten, Wunde, Gefahr, Riss, unerwartet, einen Weg freimachen, Westen, Abrechnungen, zerbrochen, abgetrennt, getrennt, losgelöst, Risiko, Herbst

## BEDEUTUNG

Die *Sense* ist eine komplizierte Karte, die immer dann auftaucht, plötzlich, ohne Vorwarnung, wenn man es am wenigsten erwartet. Sie kann einen Weg freimachen und alles entfernen, was sich ihr in den Weg stellt, aber sie kann auch schneiden mit gleicher Kraft. Schau auf die umliegenden Karten, um zu sehen, was die *Sense* vorhat.

## Lenormand-Sensen-Kombinationen

1 REITER: Nachricht über einen Unfall, Besuch wird abgebrochen, sehr schnell, Gefahr, junger Mann ist impulsiv, Ankündigung einer Trennung

2 KLEE: Kurze Trennung, verpasste Gelegenheit, kleiner Gewinn gesammelt, Glück ist unerwartet, Glücksfall, Glück kommt unerwartet

3 SCHIFF: Reise nach Westen, Unfall, reisebedingte Verletzung, Entfernung ist dauerhaft, Reise abgebrochen, Bewegung ist abgeschnitten

4 HAUS: Sachschaden, Immobilienrisiko, abgebrochene Familienbande, Mietvertrag wird gekündigt, Familie wird getrennt, Familienmitglied ist in Gefahr, ein Haus wird geteilt

5 BAUM: Operation, tief verwurzelte Narben, eine seelische Wunde, zahnärztliche Zahnbehandlung, spirituell getrennt, verwundet

6 WOLKEN: Wolken ziehen auf, Missverständnisse, geistiger Zusammenbruch, Verstecken einer Trennung, verloren und getrennt, versteckte Gefahr, verwirrende Trennung

7 SCHLANGE: Komplizierte Trennung, Rohrbruch, plötzliches Ende der Begierde, Drähte werden durchtrennt, plötzlich und unerwartet, Lügen

8 SARG: Das Ende ist endgültig, ein plötzliches Ende, das Kriegsbeil wird begraben, endgültiges Ergebnis, der Zweck heiligt die Mittel, kein Impfstoff, Gefahr, leere Drohungen

9 BLUMEN: Haarschnitt, Schönheitsoperation, angenehme Überraschung, zivilisierte Trennung, Überraschungspause, Einladung war unerwartet, Tattoo-Entfernung, schöne Zusammenkunft, Kunstsammlung, Ost-West

11 RUTE: Konflikt war verletzend, aggressiv schneidend, eine sexuelle Pause machen, körperliche Entfernung, Sportverletzung, ein Quickie (Sex)

12 VÖGEL: Streit, Verleumdung, impulsiv sprechen, ein Paar trennt sich, Burnout, Gespräche über Trennung, Gespräch verursacht Schaden, Verhandlungen werden abgebrochen

13 KIND: Wachstumsschub, Kindheitsverletzung, frisch getrennt, kleiner Bruch, neue Gefahr, kleine Wunde, wenig gefährlich

14 FUCHS: Job-Abbau, Arbeitszeitverkürzung, Jobsharing, Arbeitspause, betrogen, oberflächliche Wunde, Überlistung der Gefahr, Berufsrisiko, Manipulation ist schädlich

15 BÄR: Diät, große Pause, starke Abrechnung, mehr als erwartet, Dinge verlangsamen, großes Risiko, Gefahr

16 STERNE: Positive Trennung, Hoffnung keimt auf, Träume sind impulsiv, plötzlich berühmt, positive Entfernung, Entlarvung der Gefahr, Nordwesten

17 STORCH: Veränderung, Stillstand, Fortschritt wird abgeschnitten, plötzlicher Umzug, Umzug in den Westen, Umzug weg von der Gefahr, Frühjahrspause

18 HUND: Eine Freundschaft zerbricht, Vertrauen ist gebrochen, Hilfe wird verweigert, Loyalität ist beschädigt, Freunde bleiben nach einer Trennung, einvernehmliche Trennung, Warnung vor Gefahr

19 TURM: Krankenhaus, juristisches Urteil, offizielle Trennung, Stolz verursacht Schaden, Gefahr

20 PARK: Unerwartetes Zusammentreffen, ein geteiltes Team, Ausbruch (Treffen), Gefahr für die Gemeinschaft, Treffen, Versammlung, unerwartete Versammlung

21 BERG: Trennung, permanente Entfernung, Grenzen werden aufgehoben, Beschränkungen werden aufgehoben, blockierende Gefahr, bergauf kämpfen

22 WEGE: Plötzliche Entscheidung, Eingriff, Gefahr, die Wahl ist unerwartet, der Weg ist gefährlich, die Wahl ist unwiderruflich, ungewöhnlicher Unfall

23 MÄUSE: Beute, schnelle Verschlechterung, weniger als erwartet, unerwartete Kosten, schnell erschöpft, nagende Gefahr, unschöne Trennung

24 HERZ: Herzschmerz, Liebe geteilt, Flirt mit der Gefahr, Beziehung wird abrupt abgebrochen

25 RING: Vertrag, Bindung ist gelöst, Trennung, Gelübde wird gebrochen

26 BUCH: Unbekannte Gefahr, keine Bildung, Forschung wird gesammelt, Erinnerungen werden entfernt, Lesepause, Wissen kann gefährlich sein

27 BRIEF: Die Kommunikation ist unterbrochen, die Nachricht ist abgeschnitten, die Nachricht wurde versehentlich gesendet, SMS, Textnachricht

28 HERR: Impulsiver Mann, verletzender Mann, Ex, rücksichtsloser Mann, entschlossener Mann, gebrochener Mann, die Verbindung zu einem Mann trennen, geschiedener Mann

29 DAME: Impulsive Frau, verletzende Frau, Ex, rücksichtslose Frau, gefährliche Frau, entschlossene Frau, gebrochene Frau, Trennung von einer Frau, geschiedene Frau

30 LILIEN: Alte Wunden, späte Ernte, der Frieden ist gebrochen, unerwartet in den Ruhestand gegangen, altes Ehepaar trennt sich, Winter

31 SONNE: Eine erfolgreiche Ernte, die Belohnungen ernten, eine mutige Trennung, eine willkommene Befreiung, die Wahrheit ist unerwartet, Südwesten, Sommerpause

32 MOND: Manifestiert sich plötzlich, wird sofort erkannt, Einfluss wird entfernt, kreativer Durchbruch, Gefühl der Abgeschiedenheit, gefühlsmäßig losgelöst, psychische Wunden

33 SCHLÜSSEL: Karma, Trennung, Zugang wird plötzlich gewährt, versehentlich geöffnet (Büchse der Pandora), Offenlegung der Gefahr, gefeierte Ernte

34 FISCHE: Geld fließt unerwartet, Lohnkürzung, Wohlstand abgeschnitten, finanziell abgeschnitten, Preissenkung, zu viel trinken, hohe Kürzungen, Kostensenkung, Vermögensteilung

35 ANKER: Schaden, Gefahr, Bruch, abruptes Aufhören, Abschluss, routinemäßige Trennung

36 KREUZ: Verpflichtungen türmen sich auf, Abrechnung, Lasten häufen sich, Kummer, Leid, Abschluss

*Das Leben ist wie ein Feld,*
*wo wir ernten müssen, was wir wachsen lassen,*
*Unkraut oder Weizen ... Das ist das Gesetz,*
*wir ernten, was wir säen.*
*– Patience Strong*

# 11 Rute

## SCHLÜSSELWORTE

Aggression, Argumente, Sex, Übergriff, Streitigkeiten, aktiv, Muster, Debatte, Übung, Disziplin, Wiederholung, Wut, Schlag, stören, Konflikt, Bestrafung, Kritik, Opposition, Gewohnheit, Unterbrechung, Wettbewerb, Angriff, Fragen

## BEDEUTUNG

Die *Rute* bringt eine gesteigerte Energie, auch sexuell, mit sich, und wenn sie auftaucht, bringt sie eine Intensität in alles, was sie erwähnt und berührt. Diese Karte ist ein Hinweis auf etwas sich Wiederholendes und Wiederkehrendes, ein Element des Lärms und der Störung in deinem Leben.

### Lenormand-Ruten-Kombinationen

1 REITER: Nachrichten über Gewalt, Bestrafung, sportliche Aktivität, wiederholende Nachrichten, ein Quickie (Sex), Besuch ist beleidigend, schnell wütend

2 KLEE: Flüchtiger Konflikt, Glücksspielsucht, Befragung, Glücksspiel, Wettbewerb, Glückstreffer, kurzer Kampf, aufregendes Sexleben, spontaner Sex, Wiederholung, Glücksspiel mit Risiko

3 SCHIFF: Reiseunterbrechung, wiederholtes Reisen, abenteuerlicher Sex, Erforschung der Sexualität, Bedrohung

4 HAUS: Häuslicher Konflikt, Bieterkrieg um Immobilien, Haus wird verkauft, Familienstreitigkeiten, Immobilien-Fragen

5 BAUM: Tief verwurzelter Konflikt, Gesundheitsfragen, gesunder Wettbewerb, gesunde Gewohnheiten, Wachstum ist unterbrochen, gesunde Bewegung, gesunde Dosis von Wut, Heilung von Traumata, tantrischer Sex

6 WOLKEN: Verwirrender Streit, Stimmungsschwankungen, verdeckte Gewalt, Blitzeinschläge, versteckte sexuelle Aktivität, obskure Fragen, versteckte Bedrohung

7 SCHLANGE: Angriff, wiederholtes Lügen, Betrug in einem Wettbewerb, giftige Gewohnheit, Bedürfnis nach Bewegung, Bauchtanz, Sex, der Feind

8 SARG: Ende des Konflikts, kein Sex, letzte Frage, Beendigung sexueller Beziehungen, den Streit verlieren, keine Lust mehr auf Sex, schlechte Gewohnheit, Ende des Streits

9 BLUMEN: Sex genießen, Design-Wettbewerb, lustvolle Aktivität, Gesichtsyoga, Schönheitsroutine, Kunstwettbewerb, die Kunst der Überredung, Schönheit

10 SENSE: Plötzlicher Streit, verschärfter Angriff, gefährliche Fragen, Sex beenden, gefährliche Angewohnheit, unerwartete Streitigkeiten, gefährlicher Wettbewerb, unmittelbare Vergeltung, gefährliches Verhaltensmuster, Brechen einer Gewohnheit

12 VÖGEL: Heftiges Klatschen, Beschimpfungen, Geschwisterstreitigkeiten, nervöse sexuelle Energie, über Sex reden, Gesangswettbewerb, Fragen stellen

13 KIND: Kleiner Streit, Drohung, spielerischer Sex, unschuldige Fragen, neue Gewohnheit, Mobbing, wetteifernd, kindlicher Streit

14 FUCHS: Heimlich Sex haben, Einarbeitung, Ausbildung, Konkurrenz, knifflige Fragen, hinterlistig aggressiv, illegale Aktivität, betrügerischer Wettbewerb, Vorstellungsgespräch, Streit am Arbeitsplatz, Überlistung

15 BÄR: Starke Aggression, Diät und Sport, große Frage, sehr aggressiv, Bodybuilding, großer Wettbewerb, Bärenangriff, Körperformung, großer Streit

16 STERNE: Wiederholtes Wünschen, Hoffen auf Sex, Klärung von Konflikten, Online-Fragen, sehr diszipliniert

17 STORCH: Veränderung verursacht Streit, saisonale Aktivitäten, Hin- und Herziehen, Wechsel, Frühlingsaktivitäten

18 HUND: Ermittlungsfragen, Hunde-Wettbewerb, ein unterwürfiger, freundschaftlicher Wettbewerb, Hundetraining, Hundeangriff, Hundekampf, Hundebiss

19 TURM: Regierungsrhetorik, juristische Debatte, Männlichkeit, juristische Strafe, das Fitnessstudio, harte Strafe, juristischer Streit, die Opposition, Befragung

20 PARK: Öffentlicher Wettbewerb, Treffen, Fragen, Teamwettbewerb, öffentlicher Streit, öffentliche Bedrohung

21 BERG: Hindernislauf, harte Fragen, permanenter Groll, hartes Training, Konflikt, herausfordernder Streit, Sex, harsch kritisiert, Bergsteigen

22 WEGE: Wechselnde Partnerschaften, Entscheidung verursacht Streit, ungewöhnliche Fragen, mehrere Wettbewerbe, viele Fragen, auf einem Weg zum Konflikt, alternative Sexualität

23 MÄUSE: Weniger Sex, stressiges Gespräch, weniger Wettbewerb, kräftezehrender Streit, weniger aktiv, zwanghaftes Fragen, verminderte Wut, Kritik

24 HERZ: Leidenschaftlicher Sex, Beziehungsfragen, Dating-Wettbewerb, liebevolles Geplänkel, Liebeswerben, Streit der Liebenden, großzügige:r Liebhaber:in

25 RING: Sich immer wieder im Kreis drehen, Vertragsverletzung, Ehekonflikt, Bestrafung, kreisförmiges Muster, Ehestreit

26 BUCH: Heimlich kämpfen, heimlich Sex haben, studieren, heimlicher Wettbewerb, Sex erforschen, geheime Gewohnheit, die Geschichte wiederholt sich, Buchkritiker

27 BRIEF: Schriftliche Erlaubnis, Nachricht verursacht Konflikt, Schreibwettbewerb, Nachrichten wiederholen sich, SMS

28 HERR: Aggressiver Mann, streitlustiger Mann, sexueller Mann, ein dominanter Mann, Gewohnheitsmensch, aktiver Mann, sexy Mann, wettbewerbsfähiger Mann, Personal Trainer

29 DAME: Aggressive Frau, streitsüchtige Frau, kämpferische Frau, Gewohnheitstier, wilde Frau, aktive Frau, sexy Lady, konkurrenzfähige Frau, Personal Trainerin

30 LILIEN: Diskreter Sex, alte Konflikte, alte Gewohnheiten, passiv aggressiv, ehelicher Sex, Wettbewerb, Seniorengymnastik, Winteraktivitäten

31 SONNE: Den Streit gewinnen, guter Sex, Heilung von Traumata, gute Gewohnheiten, leichtes Training, hitziger Wettbewerb, Sommeraktivitäten, Wachstum durch Konflikt, Energieschub

32 MOND: Kreatives Sexualleben, nächtliches Training, kreativer Wettbewerb, Fantasien über Sex, sich sexy fühlen, mondsüchtig, intuitiv, Hit, Debatten

33 SCHLÜSSEL: Offener Wettbewerb, Lösung eines Streits, wichtige Fragen, entlarvendes Argument, Lösung eines Konflikts, offen kritisch

34 FISCHE: Finanzielle Transaktionen, wiederholt zu viel ausgeben, Ausgabengewohnheiten, finanzielle Fragen, Bankgeschäfte, finanzieller Wettbewerb, eine Affäre, jemanden verführen

35 ANKER: Langanhaltender Konflikt, ernsthafte Überzeugungsarbeit, Routinefragen, Streit, sicherer Wettbewerb, unveränderte Gewohnheit, Gewichtheben

36 KREUZ: Notwendiger Konflikt, energischer Streit, enttäuschender Sex, Testfragen, geistige Aktivität, unliebsame Gewohnheit

*Stöcke und Steine mögen mir die Knochen brechen,*
*aber Ketten und Peitschen erregen mich.*
*– Rihanna*

# 12 Vögel

## SCHLÜSSELWORTE

Verbal, Gespräche, Geplapper, Unruhe, Nervosität, Unruhe, Klatsch, Musik, laut, ein Paar, gesprächig, lautstark, aufgeregt, hektisch, Flüstern, Verhandlungen, Telefonate, neugierig, gesprochene Worte, Gerüchte

## BEDEUTUNG

Die Karte *Vögel* ist geschäftig und voller Hektik, ängstlicher Energie und hat immer etwas zu sagen, eilt davon, um etwas zu tun. Die *Vögel* repräsentieren das gesprochene Wort, was für ein Paar oder zwei richtungweisend ist.

### Lenormand-Vögel-Kombinationen

1 REITER: Nachrichtensendung, Nachrichten sind aufregend, Nachrichten sind weit verbreitet, schnelles Telefonat, Besuch ist ein:e Wichtigtuer:in, Gast ist unruhig, schnelles Gespräch, dominanter Mann

2 KLEE: Zwangloses Telefonat, kurze Aufregung, unbekümmerte Worte, Treffen, zwangloses Gespräch, flüchtiger Klatsch, leichte Unterhaltung, kleine Gelegenheit zu reden, zwanglose Unterhaltung, pfeifen, ein glückliches Paar

3 SCHIFF: Fremdsprache, Flugzeug, Reise zu einem Konzert, ein Flug, Reisen mit dem Flugzeug, ausländisches Paar

4 HAUS: Immobilienverhandlungen, Mitbewohner:innen, Nestbau, Geschwister, Familienklatsch, Familiendiskussionen, Hausmusik

5 BAUM: Langwierige Gespräche, tief verwurzelte Ängste, ausgedehnte Verhandlungen, Heilungsgespräche, Halsschmerzen, spirituelle Gespräche

6 WOLKEN: Versteckte Gespräche, große Angst, Nervosität, Turbulenzen, verwirrende Gespräche, der Blues (Musik), beunruhigendes Geschwätz, trauriges Telefongespräch

7 SCHLANGE: Eifersüchtige Gerüchte, giftige Gespräche, komplizierte Verhandlungen, Klatsch, ein Gerücht, eine gespaltene Zunge, ein unehrliches Gespräch

8 SARG: Abschluss von Gesprächen, Beendigung eines Anrufs, nicht sprechen, Beendigung von Verhandlungen, stille:r Partner:in, Schweigen, Death Metal (Musik), Mund halten, Gerüchte zum Schweigen bringen, letztes Gespräch, geschlossene Verhandlungen, aufhören zu reden

9 BLUMEN: Modegespräche, blumige Worte, Poesie, schönes Paar, schmeichelhafte Worte gesprochen, sweet talk, überraschendes Gespräch, charmantes Gespräch

10 SENSE: Riskante Verhandlungen, unpassendes Paar, Gesprächsabbruch, schädliches Gespräch, scharfe Worte, Trennungsangst, Kommunikationsabbruch

11 RUTE: Sexuelles Gespräch, Leistungsangst, Anruf, sexuelle Gerüchte, sich wiederholende Gespräche, sexuelle Neugierde

13 KIND: Kleines Gerücht, neuer Klatsch, kurze Verhandlungen, Small Talk, verletzliches Gespräch, leichte Angst, spielerisches Geplänkel, Geschwister, beginnende Verhandlungen, unreifes Gespräch, neues Paar, ein wenig ängstlich

14 FUCHS: Knifflige Verhandlungen, Klatsch am Arbeitsplatz, oberflächliches Gespräch, Job, Angst, irreführendes Gespräch, kluge Worte, verdächtiges Gespräch, manipulatives Gespräch

15 BÄR: Überhebliches Paar, große Verhandlungen, mächtiges Gerücht, erzwungenes Gespräch, Diät verursacht Ängste, starker Klatsch, starke Worte gesprochen

16 STERNE: Soziale Medien, Twitter-Feed, einflussreiches Paar, Handy, hoffnungsvolle Verhandlungen, bedeutungsvolles Gespräch, inspirierende Gespräche, mitreißender Song, Promi, Klatsch und Tratsch, harmonische Musik, positive Diskussion, ein berühmtes Paar, Online-Chat

17 STORCH: Geschäftige, nervöse Energie, langes Gespräch, Übersetzen, Schwangerschaftsgerüchte, Babygerede, Umzugsgerüchte, sehr unruhig, Migration

18 HUND: Freundliche Unterhaltung, ein treues Paar, unterstützende Gespräche, unterstützende Partnerschaft, freundliches Paar, natürlich neugierig, freundliche Verhandlung, einem Gerücht nachgehen

19 TURM: Offizielles Wort, legale Verhandlungen, offizielle Gespräche, arrogantes Gespräch, formale Diskussion, vergangene Gespräche, Widerruf einer Aussage

20 PARK: Öffentliche Aufregung, öffentliche Verhandlungen, Country-Musik, soziale Ängste, öffentliche Unruhe, Gruppenchat, öffentliche Gespräch, Chor, Konzert, Gruppendiskussionen

21 BERG: Verspäteter Flug, schwieriges Gespräch, störrisches Paar, Rockmusik, Musik, herausfordernde Verhandlung, Aufregung, harsche Worte, Aufschieben eines Gesprächs, schwieriges Gespräch, anhaltende Ängstlichkeit

22 WEGE: Entscheidung verursacht Unruhe, mehrere Gespräche, alternatives Paar, ungewöhnliches Gespräch, gewählte Worte, viele Telefonate

23 MÄUSE: Gerüchte, Klatsch, Angst, Verlust der Stimme, Gruppentratsch, nagende Nervosität, beunruhigende Gespräche, nagende Neugier, Musik

24 HERZ: Romantisches Paar, liebevolles Gespräch, leidenschaftlich über Musik, Beziehungsklatsch, Herzflattern (Schmetterlinge), Flüstern süßer Nichtigkeiten, Turteltäubchen, leidenschaftliches Gespräch, Liebeslied, Beziehungsgerüchte

**25 RING:** Verlobtes Paar, Vertragsverhandlungen, Eheringe, Anschlussflug, Flug, Platten auflegen, Bindungsangst, Heiratsgerüchte, Ehepaar, Paar, „kalte Füße bekommen"

**26 BUCH:** Geheimverhandlungen, Geflüster, aufklärende Gespräche, geheime Gespräche, informative Gespräche, intelligente Kommunikation

**27 BRIEF:** Mitschrift, SMS, E-Mail, Tweet, Lieder schreiben, Snapchat, jede elektronische Unterhaltung

**28 HERR:** Gesprächiger Mann, nervöser Mann, unruhiger Mann, lautstarker Mann, neugieriger Mann, männlicher Sänger, männlicher Musiker, Pilot, Flugbegleiter, klatschender Mann, Bruder, ängstlicher Mann, zwei Männer, gleichgeschlechtliches Paar

**29 DAME:** Nervöse Dame, rastlose Frau, stimmgewaltige Dame, neugierige Frau, Sängerin, Musikerin, Pilotin, Flugbegleiterin, tratschende Frau, Schwester, ängstliche Frau, zwei Damen, gleichgeschlechtliches Paar

**30 LILIEN:** Schneevögel, zwei alte Männer, älteres Paar, private Verhandlungen, alter, abgestandener Klatsch, kaltes Gespräch, reife Diskussion, private Unterhaltung

**31 SONNE:** Erfolgreiche Verhandlungen, mutiges Gespräch, warmes Paar, echtes Gespräch, glückliches Gespräch, gutes Gespräch, Erleichterung von Ängsten

**32 MOND:** Kreative Verhandlungen, intuitives Gespräch, nächtliche Gespräche, Wahrsagerei, emotionale Unruhe, Unruhegefühl, Meditationsmusik, Bettgeflüster

**33 SCHLÜSSEL:** Offene Verhandlungen, bedeutsame Gespräche, freier Vogel, distinguiertes Paar, offen für Gespräche, ein Passwort, aufschlussreicher Klatsch, Grundsatzrede, Aufdeckung von Gerüchten, Freiheitslied, ans Telefon gehen, offener Klatsch und Tratsch

**34 FISCHE:** Geldgespräche, Geschäftsverhandlungen, Geschäftspartner:in, fließendes Gespräch, tiefe Diskussion, Finanzgespräche, Finanzverhandlungen

35 ANKER: Ernsthaftes Gespräch, feste Partnerschaft, schweres Gespräch, eine Möwe, ständige Unruhe, langanhaltende Verhandlungen, stabiles Paar, sichere Diskussion, Heavy Metal (Musik)

36 KREUZ: Schwierige Verhandlungen, enttäuschende Gespräche, schmerzhafte Worte, religiöse Diskussionen, andächtige Lieder, religiöse Gesänge, Hymnen, ein religiöses Paar, schmerzhaftes Gespräch, verpflichtende Kommunikation

*Ein Schwarm flirtender Flamingos ist reines, leidenschaftliches, rosa Pandämonium. Ein Flamingo-Wirrwarr – eine unharmonische Diskothek delirierenden Tanzes, auffälliger Federn und Flamingo-Sprech.*
*– Charley Harper*

# 13 Kind

## SCHLÜSSELWORTE

Neu, einfach, verspielt, Kleinigkeiten, klein, naiv, Wunder, Anfang, vertrauensvoll, verwundbar, unerfahren, unschuldig, frisch, Start, unreif, schüchtern, Kindheit, kurz, unsicher, leicht

## BEDEUTUNG

Die Karte *Kind* bringt eine Aura der Unschuld und einen Hauch von Naivität in jede Situation der Befragung. Bei Fragen zu einem Thema verweist die Karte *Kind* auf etwas Kleines, oder sogar auf ein Kind.

## Lenormand-Kind-Kombinationen

1 REITER: Junge, erstmaliger Besuch, Lieferung eines kleinen Pakets, das erste Kind, Besuch eines Kindes, Kommen und Gehen eines Kindes, gemeinsames Sorgerecht

2 KLEE: Glücklicher Start, sorgloses Kind, das Spiel beginnt, Chance für einen Neuanfang, glückliche Kindheit, Spiel, Chance für einen Neuanfang, fröhliches Kind

3 SCHIFF: Fremdes Kind, Schulbus, etwas Neues erkunden, Abschied von einem Kind, Aufbruch zu einem Neuanfang

4 HAUS: Familie mit Kindern, Kindertagesstätte, Kinderzimmer, die Familie ist verletzlich, Immobilie, ganz neu, ein Familienmitglied ist verletzlich

5 BAUM: Wachsendes Kind, unterbrochenes Leben, Wachstum, gesunder Start, geistiges Wachstum, eine wachsende Unsicherheit, großes Wachstum, ein neues Kapitel aufschlagen

6 WOLKEN: Unsicherheit, ein trauriges Kind, undurchsichtige Anfänge, unverstandene Jugend, rätselhafter erster Schritt, verlorene Jugend, verwirrtes Kind, ängstliches Kind, vager Anfang, Verstecken und Suchen

7 SCHLANGE: Problemkind, egoistisches Kind, Rohre/elektrische Drähte sind zerbrechlich, verdrehter Anfang, Wünsche sind unreif, Lügen

8 SARG: Das letzte Kind, Kinderkrankheit, schlechter Start, Abschied, schlechte Kindheit, ein Kind loslassen, kleine Schritte unternehmen

9 BLUMEN: Schönes Kind, Freude an der Kindheit, süßes Kind, dankbar für einen neuen Anfang, Einladung zu einem Kinderfest, charmantes Kind, Spielzeug, dankbar für einen Neuanfang

10 SENSE: Plötzlich verletzlich, Trennung von Kind, gefährlicher Start, gefährliches Spiel, ein Kind ausschließen

11 RUTE: Hyperaktives Kind, schimpfen mit einem Kind, sexuell unreif, Bedrohung, ein Kind kritisieren

12 VÖGEL: Zwei Kinder, nervöses Kind, Wiegenlied, gesprächiges Kind, Vorfreude auf einen Neuanfang, Geschwister, Verhandlungen sind unkompliziert, etwas Neues beginnen wollen, ein Paar mit Kindern

14 FUCHS: Schwieriges Kind, Kindermädchen, Kindheit, kluges Kind, Arbeitsmangel, berufliche Unerfahrenheit, wenig arbeiten, Fehlstart, mit Kindern arbeiten, ein Spiel betreiben, ein Kind ärgern

15 BÄR: Starker Start, ein Kind stärken, Tyrann, kuscheliges Kind, Mutter oder Großmutter des Kindes, Spiel

16 STERNE: Hoffnung auf einen Neuanfang, inspirierender Neuanfang, berühmtes Kind, klarer Anfang, strahlendes Kind, positiver Neuanfang

17 STORCH: Neuanfang, Geburt eines Kindes, unruhiges Kind, Schwangerschaft, der Umzug ist einfach, Umzug für einen Neuanfang, der Frühling bringt einen Neuanfang

18 HUND: Ein Welpe, freundliches Kind, vertrauensvolles Kind, treues Kind, ein Kind beschützen, Kind eines Freundes

19 TURM: Unnahbarer Teenager, eine Schule, ein Teenager, zurückgezogener Teenager, ein großes Kind, Erwachsenwerden, einsames Kind, offizieller Start, Sorgerecht für ein Kind, störrisches Kind

20 PARK: Ein Spielplatz, ein Vergnügungspark, ein Spielkamerad, ein soziales Kind, ein Park, „Es braucht ein Dorf, um ein Kind zu erziehen", sozial unerfahren, jemanden Neues kennenlernen

21 BERG: Schwieriges Kind, verzögerter Start, stures Kind, distanziertes Kind, behindertes Wachstum, schwerer Start

22 WEGE: Ungewöhnlicher Start, mehrere Kinder, die Wahl ist einfach, ein unbekanntes Kind, Planung eines Neuanfangs, Weg zu einem Neuanfang

23 MÄUSE: Stressiger Anfang, beschädigtes Kind, teure Kindheit, nörgelndes Kind, verzogene Göre, eines Neuanfangs beraubt, verlorene Jugend

24 HERZ: Fürsorgliches Kind, Liebe ist naiv, geliebtes Kind, Beziehung ist kurzlebig, mitfühlendes Kind, liebevolles Kind, leidenschaftlicher Neuanfang, vergnügliche Kindheit, ein Kind der Liebe

25 RING: Adoption, Vertrag ist einfach, Verbindung ist verletzlich, ständiger Neuanfang, kurz verheiratet, ständig wachsend

26 BUCH: Unbekannte Verwundbarkeit, geheimnisvolle Kindheit, neues Wissen lernen, heimliches Kind, kluges Kind, Student:in, brillantes Kind

27 BRIEF: Kommunikation beginnt, E-Mail zeigt Verwundbarkeit, Nachrichten sind spielerisch, Ergebnisse sind einfach, Versenden von kleinen Dingen

28 HERR: Junger Mann, verletzlicher Mann, unreifer Mann, neuer Mann, kleiner Mann, unschuldiger Mann, naiver Mann, Teenager, verspielter Mann, unerfahrener Mann, Junge

29 DAME: Junge Frau, verletzliche Frau, unreife Frau, neue Frau, zierliche Frau, unschuldige Frau, kleine Frau, naive Frau, verspielte Frau, unerfahrene Frau, schüchterne Frau, zierliche Frau, ein Mädchen

30 LILIEN: Enkelkind, Vater oder Großvater des Kindes, friedlicher Anfang, alte Seele, Lebensmitte, ältestes Kind, früh in Rente gehen, gewisse Unschuld, älteres Kind

31 SONNE: Erfolgreicher Start, fröhliche Kindheit, vitaler Neuanfang, männliches Kind, blühendes Kind, mutiges Kind, frischer Schub an Willenskraft, guter erster Schritt, sonniger Neuanfang, Anfang, Wahrheit ist einfach, optimistischer Anfang

32 MOND: Intuitives Kind, inneres Kind, kreativer Neuanfang, Manifestation eines Neuanfangs, Mädchen, emotional unreif, Verletzlichkeit, emotionales Kind, unsicheres Gefühl

33 SCHLÜSSEL: Sehr offen, wichtiger erster Schritt, bedeutender Anfang, Antwort ist einfach, Zugang ist kurz, Unsicherheit offenbaren, Verwundbarkeit zeigen, ein offenes Kind

34 FISCHE: Finanziell unsicher, geschäftliche Unerfahrenheit, der Fluss des neuen Geldes, Geschäft ist verletzlich, Geld steht an erster Stelle

35 ANKER: Seriöses Kind, zuverlässiges Kind, fester Start, Routinestart, ein sicherer Start, Feststecken in Unreife, Sicherheit zuerst

36 KREUZ: Schmerzhafte Kindheit, verlassenes Kind, schwieriger Start, schwieriges Kind, verpflichtender erster Schritt, belastetes Kind, religiöse Verletzlichkeit

*Ein Kind ist ein ungeschliffener Diamant.*
*– Austin O'Malley*

# 14 Fuchs

## SCHLÜSSELWORTE

Gerissenheit, Arbeit, clever, List, Instinkt, Überleben, Manipulation, Klugheit, unzuverlässig, ausweichen, Heimlichkeit, Betrug, witzig, falsch, Fake, Verdacht, Vorsicht, Irrtum, Betrug, oberflächlich

## BEDEUTUNG

Der schlaue *Fuchs* ist sehr gerissen und wird alles tun, was nötig ist, um sicherzustellen, dass er immer gewinnen wird. Solange seine Familie sicher und versorgt ist, wird der *Fuchs* nie vor Mühen zurückschrecken.

### Lenormand-Fuchs-Kombinationen

1 REITER: Neuigkeiten von der Arbeit, Neuigkeiten über eine:n Mitarbeiter:in, Wechsel von Job zu Job, Post, eine Lieferung bei der Arbeit erhalten, zur Arbeit pendeln, Verehrer:in auf der Arbeit, Journalist, Vorsicht bei Besuch

2 KLEE: Befristete Anstellung, Beförderung, befristeter Job, Glücksfall bei der Arbeit, Gelegenheitsjob, Vorstellungsgespräch, Glücksinstinkt, kleine Gelegenheit, leichte Arbeit, Spaß am Job, glücklicher Arbeitsplatz, Casino, kurzfristiger Job

3 SCHIFF: Reisen für die Arbeit, Reisebüro, Job im Ausland, Kündigung, Job, Reiseberatung, Reisebetrug, ein:e Fahrer:in

4 HAUS: Hausangestellte:r, Hausaufgaben, Hausarbeit, ein Familienmitglied verhält sich merkwürdig, Büro-Job, Immobilienbetrug, Insider-Job

5 BAUM: Gesundheit und Sicherheit am Arbeitsplatz, Gesundheitsbetrug, geistiger Hokuspokus, Misstrauen

6 WOLKEN: Betrug, Aufruhr am Arbeitsplatz, Schattenarbeit, traurige:r Mitarbeiter:in, psychische Krankheit, aufkeimender Ärger, Zweifel, Angst vor Arbeitsplatzverlust, unsichere Arbeitssituation, verwirrender Job, verärgerte:r Mitarbeiter:in

7 SCHLANGE: Lügen und Verrat, giftige Bedrohung, illegale Verhaltensweisen, gefährliche Situation, unsichere Handlungen, Lüge, Feind am Arbeitsplatz, giftiger Arbeitsplatz, unzuverlässig, problematische:r Mitarbeiter:in, angezogen von einem Kollegen

8 SARG: Arbeitslosigkeit, komplizierter Ausgang, ein Medium, vergrabene Schuld, negative:r Mitarbeiter:in, Sackgasse, Job kündigen

9 BLUMEN: Angenehmer Job, attraktives Jobangebot, Kosmetiker:in, Hairstylist:in, Künstler:in, dankbar für die Arbeit, ein Geschenk, angenehme Arbeitsatmosphäre

10 SENSE: Kündigung, riskante Arbeit, gefährliche:r Mitarbeiter:in, Stellenabbau, Betrug

11 RUTE: Anspruchsvoller Job, Kritik, Training am Arbeitsplatz, Coaching, ein Personal Trainer, Sex, körperliche Arbeit, Konkurrenzkampf um einen Job

12 VÖGEL: Gespräch am Arbeitsplatz, Vorstellungsgespräch, unorganisierter Arbeitsplatz, ein:e Sänger:in, Gerüchte, fachsimpeln, hinter dem Rücken reden, stressiger Arbeitsplatz, Musikkonzert, Klatsch und Tratsch am Arbeitsplatz

13 KIND: Neue:r Mitarbeiter:in, kleiner Job, kleiner Betrug, Tricksen, unerfahrene:r Mitarbeiter:in, neuer Job

15 BÄR: Starker Instinkt, überhebliche:r Manager:in, Ärger, aggressive:r Kolleg:in, hohe Arbeitsbelastung, anstrengender Job

16 STERNE: Beförderung, Promi, technischer Job, Internet-Betrug, PR-Manager:in, Online-Job, Social-Media-Influencer, Online-Betrug

17 STORCH: Jobwechsel, Umziehen für Arbeit, Saisonarbeit, etwas überarbeiten, Schichtarbeit, Rückkehr zur Arbeit, sich verändernde Jobrolle, saisonale Arbeit

18 HUND: Zuverlässige Beschäftigung, loyale Mitarbeit, Hundetrainer:in, Ermittlungen, Detektiv, Hilfskraft, freundliche Kolleg:innen, Polizist:in, freundschaftlicher Arbeitsplatz, zuverlässige Arbeit, Hilfe gesucht, Vertraue deinem Instinkt

19 TURM: Unternehmensmanipulation, MLM (Multilevel Marketing), Personalwesen, Politik, Regierungsangestellte:r, etablierte Karriere, vergangene Beschäftigung, Beamte:r, Regierungs-Agenda, Unehrlichkeit

20 PARK: Stalker, Teamwork, Social-Media-Betrug, in den Garten gehen, Weg, Treffen am Arbeitsplatz, Job im Freien, öffentlicher Skandal, Gärtner:in, Sozialarbeiter:in, Gruppenarbeit, Social Networking

21 BERG: Mit Vorsicht vorgehen, Straßensperren bei der Arbeit, hartnäckige:r Kolleg:in, Rückschläge, eingeschränkte Arbeit, Hindernis wird durch Manipulation verursacht, Schneeballsystem, Fernarbeit, anspruchsvolle Arbeit

22 WEGE: Entscheidungen bei der Arbeit, mehrere Jobs, ungewöhnliche:r Mitarbeiter:in, Berufswahl, Planung einer Arbeit, Straßenarbeit, alternative Arbeit, auf dem Weg zur Arbeit, Karriereplanung, ungewohnte Arbeit, Optionen bei der Arbeit

23 MÄUSE: Stellenabbau am Arbeitsplatz, stressige Arbeit, verringerte Arbeitszeit, Diebstahl am Arbeitsplatz, Verdacht, Schuldgefühle, Korruption, wenig Arbeit, Zermürbung

24 HERZ: Romantischer Betrug, geliebter Job, leidenschaftliche Karriere, Liebe entzieht sich, Schuldgefühle in der Beziehung, Liebe ist heikel, Vorsicht, Wohltätigkeitsarbeit

25 RING: Vertragsarbeit, der Deal ist knifflig, Vereinbarung ist irreführend, Vertrag, dem Job verpflichtet, Workaholic, Ehe, Arbeitsangebot

26 BUCH: Geheimnisse werden bei der Arbeit aufgedeckt, Informationen werden manipuliert, Recherchieren, Verleger:in, Lehrer:in, Akademiker:in, Bibliothekar:in, Buchhalter:in, Autor:in

27 BRIEF: Bewerbungsschreiben, Lebenslauf, Stellenangebot, Postangestellte:r, Schriftsteller:in, schwierige Ergebnisse, SMS, heimliche Nachrichten, geplante Arbeit, Propaganda, Schreibauftrag

28 HERR: Gerissener Mann, schlauer Mann, hinterhältiger Mann, manipulativer Mann, oberflächlicher Mann, männlicher Kollege, männlicher Angestellter, arbeitender Mann

29 DAME: Gerissene Frau, schlaue Frau, intrigante Frau, manipulative Frau, weibliche Mitarbeiterin, weibliche Angestellte, falsche Frau, oberflächliche Dame, arbeitende Frau, sich etablierende Frau

30 LILIEN: Reife Arbeitnehmerin, erfahrene Arbeitnehmerin, Facharbeiterin, Winterjob, Privatjob, etablierte Karriere, Ruhestand, Privatjob

31 SONNE: Erfolgreiche Karriere, den Job bekommen, positive:r Angestellte:r, Time-Share-Betrug, erfolgreich bei der Arbeit, Opportunist:in, gute:r Arbeiter:in, Betrug aufdecken, guter Job, Urlaub, Tagesschicht, es schaffen!

32 MOND: Mondschein, kreative Arbeit, Schuldgefühle, den Betrug aufdecken, Psychiater:in, Hellseher:in, emotionale Manipulation, Nachtschicht, emotionale:r Kolleg:in

33 SCHLÜSSEL: Karma bei der Arbeit, wichtige Arbeit, Freiberufler:in, prestigeträchtiger Titel, gute Strategie, wichtige:r Mitarbeiter:in, Politik, einen Weg finden, Zugang zu Arbeit, rituelle Arbeit

34 FISCHE: Finanzbetrug, Geschäftsbetrug, Finanzangestellte:r, Investitionsbetrug, Buchhaltung, Geldbetrug, Lohn aus Arbeit, Preisgestaltung für einen Job

35 ANKER: Stabiler Arbeitsplatz, Beschäftigungssicherung, langfristige Beschäftigung, Wasserwerk, Arbeitsplatzsicherheit, Routinejob, ein Seemann, die Grundlagen schaffen, fester Job, bei der Arbeit feststecken, solide Karriere

36 KREUZ: Von der Arbeit belastet, Schuldgefühle, Bedauern über den Job, schwierige Mitarbeiter:in, Wohltätigkeitsarbeit, Opfer von Betrug, religiöse Sekte, Leiden bei der Arbeit, Burnout durch Arbeit, enttäuschende Arbeit, Verantwortung bei der Arbeit

*Traue niemals einem Fuchs.*
*Sieht aus wie ein Hund, benimmt sich wie eine Katze.*
*– Erin Hunter*

# 15 Bär

## SCHLÜSSELWORTE

Groß, mächtig, Mutter, Großmutter, dominant, gut gebaut, Essen, übergewichtig, groß, aggressiv, Stärke, Gewicht, Boss/Manager:in, überheblich, Diät, Kraft, Führungskraft

## BEDEUTUNG

Der *Bär* bringt eine beträchtliche Menge an Kraft und Macht in jede Situation. Wie ein großes Ausrufezeichen, das dich dazu bringt, den Kopf zu drehen und aufhorchen lässt. Assoziiert mit Aggression und Stärke, ist die Bärenkarte eine Anführerin und repräsentiert das Oberhaupt des Clans und die Matriarchin der Familie.

### Lenormand-Bär-Kombinationen

1 REITER: Lieferung von Lebensmitteln, die Nachricht ist mächtig, große Neuigkeiten, Besuch Chef:in, Ankündigung des Managements, Kraft, Fast Food, Besuch von Mama

2 KLEE: Das Glück ist stark, großer Sieg, Aushilfsmanager:in, Diät, fröhliche:r Chef:in, kleine Zunahme (Gewicht), ein kurzer Kraftausbruch

3 SCHIFF: Reisende:r Chef:in, fremde Macht, Meeresfrüchte, importierte Lebensmittel, ausländische:r Chef:in, entfernte Mutter, eine Diät nicht einhalten, ein:e Reiseleiter:in, ein:e Kapitän:in

4 HAUS: Herrenhaus, Kühlschrank, Mutter, Matriarchin, Haus ist stark gebaut, eine Hausverwaltung, ein:e Vermieter:in, Familienstärke, Speisekammer, Küche

5 BAUM: Diät, Fettleibigkeit, stärker werden, gesundes Gewicht, gesund und stark, medizinische Autorität, geistige Stärke, Ahnen, Matriarchin, spirituelle:r Führer:in, Coach

6 WOLKEN: Versteckte Essstörung, beunruhigendes Gewicht, beunruhigte:r Chef:in, Traurigkeit, heimliches Essen, Missverständnisse, verwirrtes Management, achtsames Essen

7 SCHLANGE: Eifersüchtige:r Manager:in, giftige:r Chef:in, Verlangen nach Macht, Diät, Heißhunger auf Essen, Lügen

8 SARG: Machtverlust, Beendigung einer Diät, Essensthemen, schwierige Mutter oder Schwiegermutter, schwierige:r Chef:in, leerer Kühlschrank oder Speisekammer

9 BLUMEN: Nettes Restaurant, angenehme:r Manager:in, Diät, dankbare:r Chef:in, Matriarchin, Erntedankfest, dankbar für das Essen, charmante:r Chef:in, Umstyling, Muskeln

10 SENSE: Kraft sammeln, plötzliche Gewichtszunahme, Kalorien reduzieren, die Kraft reduzieren, komplizierte:r Chef:in, Essen

11 RUTE: Jo-Jo-Diät, Kritik, Sex, Personal Trainer, ein Bodybuilder, Kritik an deinem Gewicht

12 VÖGEL: Gestresst wegen des Gewichts, kraftvoll reden, Anruf vom/von der Chef:in, über Diäten sprechen, über das Management tratschen, nervöse Mutter, Klatsch und Tratsch, mit der:m Chef:in reden

13 KIND: Unerfahrene:r Manager:in, Mutter oder Großmutter, kleine Essensportionen, neu gewonnene Macht, junge Mutter, neue Diät, kleine Speisekarte, unreife:r Manager:in, kleines Restaurant, neues Essen, neue:r Chef:in

14 FUCHS: Schwierige:r Chef:in, Intrigen, die Belegschaft, Unzuverlässigkeit, komplizierte Schwiegermutter, den Chef austricksen, Arbeit ist übermächtig, unzuverlässiges Management, etabliertes Restaurant

16 STERNE: Inspirierende:r Chef:in, hoffnungsvolle Führungskraft, Mentor:in, Starkoch/köchin, inspirierende Matriarchin, Social-Media-Influencerin, Dream Big!

17 STORCH: Wechsel im Management, saisonales Menü, Ernährungsumstellung, Rückkehr, schlanke Figur, Obst und Gemüse der Saison, Machtwechsel

18 HUND: Vertrauen in die/den Chef:in, beschützende Mutter, Berater:in, Ratgeber:in, verlässliche:r Chef:in, Ernährungsberatung, Loyalität, unterstützendes Management, achtsames Essen

19 TURM: Die höchste Autorität, einsame:r Chef:in, offizielle Macht, Richter:in, Ministerpräsident:in, Oberster Gerichtshof, egoistische:r Chef:in, Regierungsbehörde, selbstsüchtiges Management, sture:r Chef:in

20 PARK: Essen im Freien, Gruppenleiter:in, Veranstaltung im Freien mit Catering, Gruppenarbeit, Garten, Öffentlichkeit, Markt im Freien, Bauernmarkt, Treffen, Modeerscheinung

21 BERG: Strenges Management, verzögerte Gewichtsabnahme, versteinerte:r Chef:in, strenge:r Manager:in, blockierte Macht, Fasten, eingeschränkte Ernährung

22 WEGE: Ungewöhnliche Diät, Wahl einer Diät, Wahlmöglichkeiten sind übermächtig, Entscheidung bringt Kraft, unkonventionelle:r Chef:in, Planung einer Mahlzeit

23 MÄUSE: Abnehmen, Machtverlust, kompliziertes Management, Schwächung, besorgte:r Chef:in, Gewicht verlieren, abnehmende Kraft, besorgte Mutter, Ende einer Diät

24 HERZ: Mitfühlende Führungskraft, Liebe ist stark, Beziehung ist stark, Foodie (liebt Essen), liebende Mutter oder Großmutter, großzügige:r Chef:in, freundliche:r Manager:in

25 RING: Die Bindung ist stark, der Vertrag ist mächtig, vielseitige Führungskraft, Engagement ist stark, runder Körperbau, Angebot

26 BUCH: Mysteriöse Kraft, kenntnisreiche:r Chef:in, studiert Ernährung, ein:e Tutor:in, gebildete Führungskraft, Schulleiter:in

27 BRIEF: E-Mail von der Führungskraft, Kommunikation wird erzwungen, Speisekarte, Kommunikation, Brief von Oma, Nachricht von Mama

28 HERR: Mächtiger Mann, dominanter Mann, energischer Mann, kräftiger Mann, bärtiger Mann, Boss, überheblicher Mann, muskulöser Mann, großer Mann, übergewichtiger Mann

29 DAME: Mutter, Großmutter, Mutterfigur, furchterregende Frau, dominante Frau, aufdringliche Frau, kurviges Mädchen, Chefin, überhebliche Frau, große Frau, starke Frau

30 LILIEN: Großmutter, friedliche Führungskraft, gut gealterter Wein, altes Essen, Eisbär, Chef:in im Ruhestand, reife:r Manager:in, alte:r Chef:in

31 SONNE: Große:r Chef:in, Kraft im Überfluss, erfolgreiche Diät, Sonnenenergie, gutes Essen, positive:r Chef:in, selbstbewusste Führungskraft, bewusstes Essen, gute Mutter

32 MOND: Emotionale Stärke, Manifestationskraft, emotionales Essen, kreative:r Chef:in, intuitive Mutter, Hohepriesterin, Einfluss, mystische Macht

33 SCHLÜSSEL: Karmische Kräfte, bedeutende Kraft, bedeutende Führungskraft, weibliche Schlüsselrolle, offene:r Manager:in, Zugang zur Macht

34 FISCHE: Geschäftsmanagement, Finanzmanager:in, Sugar Mama, Fluss der Macht, Kaufkraft, Geld für Diäten ausgeben, Finanzkraft

35 ANKER: Schweres Gewicht, sein Gewicht halten, konstante Kraft, Durchhaltevermögen Kraft, Kraft behalten, Routine-Diät, erdende Kraft

36 KREUZ: Die Last ist übermächtig, in hohem Maße verpflichtet, ein religiöse:r Führer:in, enttäuschendes Management, Krafttier (der Bär), Prüfung der eigenen Stärke, schwierige:r Chef:in, sehr übermächtig

*Teddybären vergessen nie, aber wir schon!*
*– Anthony T. Hincks*

# 16 Sterne

## SCHLÜSSELWORTE

Wünsche, Hoffnung, Träume, Potenzial, Führung, Inspiration, Philosophie, Belichtung ausrichten, hell, Vision, Wissenschaft, Ruhm, höchster Segen, World Wide Web, Technologie, Elektrizität, Klarheit, Anerkennung, Bestrebungen, Universum, unbegrenzt, Harmonie, aufmunternd, positiv, hoch, Ziele, sichtbar, Zukunft, ewig, Norden

## BEDEUTUNG

Wenn die *Sterne* in dein Leben leuchten, gibt es Segnungen im Überfluss. Dies ist eine sehr günstige Karte, die eine sehr glückliche Wirkung auf jede Situation hat und alle umliegenden Karten positiv beeinflusst.

### Lenormand-Sterne-Kombinationen

1 REITER: Nachrichten, Nachrichten sind aufbauend, Ankündigung ist optimistisch, die Begegnung hat Potenzial, es läuft zu deinen Gunsten, berühmter Besuch, Internet

2 KLEE: Sehr optimistisch, Situation ist sehr hoffnungsvoll, Glücksstern, plötzliche Einsicht, Glücksspiel, das Glück ist auf einem Hoch, heiterer Optimismus, Gelegenheit hat Potenzial, spontane Vision, glücklicher Traum

3 SCHIFF: Kurs setzen, Reise zum Ruhm, Träume erforschen, Camping, Reise nach Norden, deinem Nordstern folgen, dein „führendes Licht"

**4 HAUS:** Das Haus hat Potenzial, Haus im Norden, Social-Media-Account, Immobilien Website, Internet, Familienharmonie, Familie hat Hoffnung, Immobilienträume, Familiensegen

**5 BAUM:** Spirituelle Führung, Genesung, Prognose ist positiv, Führung der Vorfahren, body positivity, Gesundheit verbessert sich, Diagnose ist optimistisch, Gesundheit ist strahlend, gesunde Ziele, Gewissenserforschung, wachsende Inspiration

**6 WOLKEN:** Getrübte Hoffnung, verwirrende Ziele, verborgene Träume, Cloudtechnologie, zweifelhaftes Potenzial, vernebelte Sicht, vage Ziele, getrübte Sicht, bedeckter Himmel

**7 SCHLANGE:** Betrug aufgedeckt, Lüge aufgedeckt, Wunsch nach Inspiration, weibliche Berühmtheit, berüchtigt, Wunschträume, problematische Ziele

**8 SARG:** Keine Hoffnung, Loslassen eines Traums, schlechtes Wi-Fi, Blackout (Stromausfall), das eigene Potenzial nicht erkennen, kein Strom, Träume beenden, uninspiriert, neutral

**9 BLUMEN:** Blühende Hoffnung, schöner Traum, schöner Segen, Oststern, Blumen stecken, süße Träume, Dankbarkeit, Berühmtheit, Sterne, danke deinen Glückssternen

**10 SENSE:** Abschneiden der Hoffnung, plötzliche Klarheit, losgelöst vom eigenen Potenzial, den Strom abschalten, Wi-Fi abschalten, zerbrochene Träume, Ziele aufteilen, schwieriger Ruf

**11 RUTE:** Trainingsziele, Muster der Sterne, kritisch gegenüber Zielen, intermittierender Strom, gestörte Harmonie, widersprüchliche Träume

**12 VÖGEL:** Gespräch ist hoffnungsvoll, Paar-Ziele, Gespräch ist aufschlussreich, ängstlich über die Zukunft, flüsternde Worte der Inspiration, Tweets, Musik, Diskussion ist belebend, über Ziele sprechen

**13 KIND:** Frische Inspiration, neue Hoffnung, unter einem glücklichen Stern geboren, kleine Ziele, neue Vision, Kinderstar, neues Ziel, kleines bisschen Ruhm, Kindheitstraum

14 FUCHS: Falsche Hoffnung, Chance auf Anstellung, Karriereziele, Beschäftigungsstandort, Mitarbeiteranerkennung, schwer fassbarer Traum, irreführende Anleitung, Betrug aufgedeckt

15 BÄR: Große Träume, starke Führung, starkes Erwachen, Gewichtsabnahme, Inspiration, große Pläne, mütterliche Führung, stark motiviert

17 STORCH: Verbesserung, Geburtshoroskop, Veränderung der Ziele, sich entwickelnder Traum, Bewegung auf deine Ziele zu, Geburt eines Sterns

18 HUND: Beschützer:in deiner Träume, zuverlässige Führung, deinen Träumen folgen, Unterstützung deiner Vision, Hilfe beim Erreichen deiner Ziele, Follower, freundliche Motivation

19 TURM: Nach den Sternen greifen, selbstsüchtige Ziele, etablierte Ziele, erhebend, große Höhen, großer Ehrgeiz, Leitung, Satellit, offizieller Ruhm, vergangene Träume, die Zeit ist JETZT!

20 PARK: Öffentliches Auftreten, öffentliche Person, öffentliche Veranstaltung, Gruppenharmonie, Team-Vision, Team-Ziele, Networking, Paparazzi, soziales Netzwerk, Sammeln von Inspiration

21 BERG: Blockiertes Potenzial, herausfordernde Ziele, eingeschränktes Internet, blockiert die Sicht, Hindernisse auf dem Weg zum Ziel, sehr weit weg, blockierte Träume, entfernter Stern, Rockstar, eingeschränkte Führung, Aufschieben der Träume

22 WEGE: Wahl ist positiv, Entscheidung hat Potenzial, Weg ist klar, Weg zur Erleuchtung, Wahl ist klar, Möglichkeit ist hoffnungsvoll, ungewöhnliches Ziel, seltsamer Traum, Ziele wählen

23 MÄUSE: Schwindende Hoffnung, gestohlene Träume, pessimistisch, fehlerhafter Diamant, vermindertes Potenzial, gestörte Harmonie, schwindender Ruhm, schwierige Führung, wenig Einfluss

24 HERZ: Gesegnete Liebe, Dating-Plattform, Beziehungsziele, Beziehung verbessert, romantisches Potenzial, Liebeshoroskop (Astrologie), Beziehungspotenzial

25 RING: Angebot ist positiv, Versprechen wird erfüllt, Deal ist hoffnungsvoll, Planeten, Geschäft ist positiv, Strom, sich seinen Zielen widmen, deiner Vision widmen

26 BUCH: Geheimnisse werden enthüllt, Bildungsziele, Akasha-Chronik, Studium, Wissenschaft/Philosophie, unbekanntes Potenzial, geheime Träume, geheime Hoffnungen, Studium der Astrologie

27 BRIEF: Es steht in den Sternen geschrieben, SMS, E-Mail, Aufschreiben der Ziele, Empfehlungsschreiben, Annahmeschreiben, Affirmationen, Ergebnisse sind positiv, schriftlicher Zeitplan

28 HERR: Berühmter Mann, männlicher Einflussnehmer, inspirierender Mann, hoffnungsvoller Mann, positiver Mann, zielorientierter Mann, Träumer, Visionär, optimistischer Mann, gutmütiger Mann, Traummann, philosophischer Mann

29 DAME: Berühmte Frau, weibliche Influencerin, inspirierende Frau, hoffnungsvolle Frau, positive Dame, zielorientierte Frau, Träumerin, Visionärin, optimistische Frau, gutmütige Dame, Traumfrau, erleuchtete Frau

30 LILIEN: Friedliche Nacht, alt wie die Sterne, Diskretion erforderlich, väterlicher Rat, Ruhestandstraum

31 SONNE: Großes Potenzial, sehr positiv, strahlende Zukunft, Glück, Morgengrauen, warme Wünsche, Feuerwerk, Sternschnuppen, leuchtender Stern, Wiederherstellung deiner Träume, Gewinn, neue Inspiration, die Wahrheit ist klar, Ziele erreichen, blühende Zukunft

32 MOND: Astrologie, Anerkennung, Verwirklichung von Träumen, Zaubersprüchen oder Absichten, Vorstellungskraft, psychische Vision, Berühmtheit, beeinflusst, Hellsehen, Nachdenken über deine Ziele, der Nachthimmel, Träume

33 SCHLÜSSEL: Die Antwort ist klar, Ziele erreichen, Freiheit, zu träumen, wichtiger Traum, für Ruhm bestimmt, wichtige Vision, offen für den Empfang von Segnungen, edle Bestrebungen, offen für Führung, Freisetzung deines Potenzials

34 FISCHE: Einkaufsbummel, Verdienstmöglichkeiten, Geschäftsziele, Strom der Elektrizität, Geld fließt unbegrenzt, Überfluss, finanzielle Ziele, fließende Inspiration, finanzielle Führung, online Geld verdienen

35 ANKER: Langfristige Ziele, solide Vision, Festhalten an den Zielen, dauerhafter Ruhm, stabile Elektrizität, Erdung, stetige Führung, ewiger, beharrlicher Traum, ein beständiger Wunsch, Festhalten an der eigenen Philosophie, stabile Aussicht

36 KREUZ: Prüfung des Glaubens, Hoffnungslosigkeit, Leiden unter zu großer Belastung, die Verpflichtung ist klar, Geist im Himmel, Supernova, über alle Maßen belastet, religiöser Segen, Anbetung der Sterne

*Wir alle sind Sternenmaterial.*
*– Carl Sagan*

# 17 Storch

**SCHLÜSSELWORTE**

Veränderung, Migration, Geburt, Jahreszeit, Übergang, Fortschritt, Trend, Verschiebung, Entwicklung, Verlagerung, anmutig, Zyklen, Bewegung, Frühling, Neuordnung, ruhig, Rückkehr

**BEDEUTUNG**

Wenn der *Storch* in dein Leben stürzt, bringt er eine bemerkenswerte Veränderung mit sich. Die aktuelle Situation wird sich ändern; wirf einen Blick auf die umliegenden Karten, um herauszufinden, ob eine Veränderung eher gut ist oder die Situation eher verkompliziert. Die Storchkarte steht auch für Geburten, neue Zyklen und Bewegung.

## Lenormand-Storch-Kombinationen

1 REITER: Nachrichten bringen Umwälzungen, Boten der Geburt, Nachrichten des Fortschritts, Bewegung, ein:e Verehrer:in kehrt zurück, Ankündigung eines Umzugs, Kommen und Gehen, Nachricht von einer Versetzung

2 KLEE: Kleine Gelegenheit zur Veränderung, Frühling, das Glück kehrt zurück, vorübergehender Umzug, Gelegenheit zum Umzug, leichter Übergang, schneller Fortschritt, kurzer Zyklus, das Glück in den Händen halten

3 SCHIFF: Richtungswechsel, Übergang, große Bewegung, Änderung der Reisepläne, Umzug über große Entfernungen, Reise an einen neuen Ort, Reise Jahr für Jahr an dasselbe Ziel

4 HAUS: Familiendynamische Veränderungen, Umzug, Renovierung, Rückkehr eines Familienmitglieds, Veränderungen auf dem Immobilienmarkt, Übertragung von Eigentum, komfortabler Übergang

5 BAUM: Gedeihen, gesunde Geburt, Fruchtbarkeit, Menstruationszyklus, gesunder Fortschritt, DNA-Transfer, gesundheitliche Veränderungen, Lebensveränderungen, spiritueller Wandel, spirituell weiterentwickelt

6 WOLKEN: Ungewisse Veränderungen, Regenzeit, Angst vor Veränderungen, verwirrende Fortschritte, launisch, Unruhe, zweifelnder Umzug, verwirrender Zyklus, versteckte Übertragung, nasser Frühling

7 SCHLANGE: Verlangen nach Veränderung, Lügen über den Fortschritt, komplizierter Umzug, schwieriger Übergang, transformierende Veränderung, herausfordernde Transformation

8 SARG: Der letzte Umzug, keine Veränderung, Ende der Saison, schwieriger Umzug, Abschluss eines Zyklus, Ende des Fortschritts, Übergang, leeres Nest

9 BLUMEN: Veränderung des Aussehens, Geschenkaustausch, angenehme Veränderung, Umgestaltung, schöner Übergang, überraschender Umzug, Einladung zu einer Babyparty, Mode Trend, Äußerlichkeiten ändern sich

10 SENSE: Schneller Übergang, unerwarteter Umzug, gefährlicher Schritt, plötzliche Veränderung, unwiderrufliche Veränderung, Kaiserschnitt, Durchbrechen des Zyklus

11 RUTE: Wiederholte Zyklen, ständige Veränderungen, aggressiver Übergang, gewohnheitsmäßiger Umzug (z.B. Bundeswehr), wiederkehrende Sportereignisse (Olympische Spiele, Weltmeisterschaft, etc.), Konflikt schreitet voran

12 VÖGEL: Gespräche über einen Umzug, Diskussion über Veränderungen, hektischer Umzug, nervös wegen Veränderung, Migrationen, aufregende Fortschritte, Verhandlung über einen Umzug, nervös wegen Umzug, aufgeregt wegen Frühling

13 KIND: Schwangerschaft, neuer Übergang, Beginn eines neuen Zyklus, neuer Ort, neuer Trend, leichte Veränderung, wachsender Trend

14 FUCHS: Saisonarbeit, Jobwechsel, schleichende Bewegungen, heikler Umzug, Misstrauen kehrt zurück, Arbeit im Gange, Vorsicht bei Veränderung

15 BÄR: Mächtige Veränderung, großer Übergang, starke Veränderungen, große Veränderung, kraftvoller Übergang, starke Trends, eine große Bewegung machen

16 STERNE: Hoffen auf Veränderung, positive Veränderungen, harmonischer Übergang, „ein Stern ist geboren", positive Bewegung, klare Aktion wird unternommen, universeller Wandel

18 HUND: Freundschaft entwickelt sich, treue Rückkehr, Vertrauen in den Wandel, eine Doula, Hebamme, Fellbaby, Vertrauen in den Prozess, vertrauter Zyklus, ein Freund bewegt sich

19 TURM: Ehrgeizige Veränderung, offizieller Schritt, Blick nach vorne, vergangener Fortschritt, jemand aus der Vergangenheit kehrt zurück, Regierungswechsel, Regeln ändern sich, Umzug

20 PARK: Öffentlicher Wandel, sozialer Wandel, öffentliche Bewegung, gesellschaftlicher Wandel, Versammlungsfortschritt, Kulturwechsel, Gruppenfortschritt, eine Menge, populärer Trend

21 BERG: Widerstand gegen Veränderung, blockierter Fortschritt, überfällige Schwangerschaft, Aufschieben eines Umzugs, Vermeiden von Veränderungen, schwieriger Übergang, schwieriger Umzug

22 WEGE: Die Entscheidung für eine Veränderung, der zurückgelegte Weg, ungewöhnlicher Umzug, Option auf Möglichkeit eines Umzugs, seltsamer Trend, Planung des nächsten Umzugs, geplante Schwangerschaft, alternativer Weg

23 MÄUSE: Verminderter Fortschritt, kostspieliger Umzug, Sorge um Schwangerschaft, stressige Veränderung, entwickelt sich, komplizierter Fortschritt

24 HERZ: Liebe kehrt zurück, Zuneigung entwickelt sich, Beziehungsfortschritt, liebäugelt mit Veränderung, Monogamie, Treue

25 RING: Ständige Veränderungen, Zyklus, vielversprechende Veränderung, vorhersehbare Bewegung, im Kreis gehen, Vereinbarung ändert sich, Geschäft schreitet voran, wiederkehrende Trends, Veränderung vorschlagen

26 BUCH: Heimlichkeiten, Schulsemester, historische Veränderung, weiser Schritt, informativer Schritt, unbekannter Fortschritt, Bearbeitung, Tagebuchführung, Buchtausch, Geschichte wiederholt sich

27 BRIEF: Zeitplan, Nachrichten, Dateitransfer, offensichtliche Veränderung, Zeitplan ändert sich, Ergebnisse ändern sich, Druckzyklus (Zeitung, Hefte, Medien in bestimmten Timings)

28 HERR: Ein Mann kehrt zurück, großer Mann, männlicher Übergang, anspruchsvoller Mann, monogamer Mann, ruhiger Mann, fürsorglicher Mann, anmutiger Mann, fortschrittlicher Mann, ruheloser Mann

29 DAME: Eine Frau kehrt zurück, hochgewachsene Frau, weibliche Übergangsphase, anspruchsvolle Frau, monogame Frau, ruhige Frau, fürsorgliche Frau, anmutige Frau, fortschrittliche Frau, elegante Frau, ruhelose Frau

30 LILIEN: Winterwanderung, friedlicher Übergang, Entwicklung, Wintersaison, Alterungsprozess, Schneevögel, Umzug, messbarer Fortschritt

31 SONNE: Erfolgreiche Veränderung, mutiger Schritt, Wiedergeburt, Wärme, Rückkehr, gute Bewegung, energetische Veränderung, Sommerzeit, das Licht kehrt zurück, siegreicher Zyklus, bewusstes Entwickeln

32 MOND: Mondphasen (Zyklen), Gefühle verändern sich, psychische Veränderung, kreativer Fortschritt, emotionale Verschiebung, erkennbare Veränderungen, Absichten entwickeln sich, Monatszyklus

33 SCHLÜSSEL: Signifikante Veränderungen, offen für Veränderungen, großer Übergang, wichtiger Schritt, Schlüsselveränderungen, karmischer Zyklus, Karma kehrt zurück

34 FISCHE: Zirkulieren, Geschäft entwickelt sich, Geschäftsverlagerung, schwankende Veränderung, Finanzen verändern sich, Geldtransfer, durch Zyklen fließen

35 ANKER: Steckt im Übergang fest, Gezeiten des Wandels, Bleiben, stabile Veränderungen, stetiger Fortschritt, schwere Bewegung, eine sanfte Veränderung

36 KREUZ: Schwierige Veränderung, zur Veränderung gezwungen, enttäuschende Bewegung, notwendiger Umzug, Steuererklärung, umzugsmüde, schmerzhafter Übergang, Religion entwickelt sich

*Bewusstheit ist nur durch Veränderung möglich;*
*Veränderung ist nur durch Bewegung möglich.*
*– Aldous Huxley*

# 18 Hund

## SCHLÜSSELWORTE

Freundschaft, treu, Anhänger:in, verlässlich, Hilfe, Begleitung, Unterstützung, Untersuchung, Führung, unterwürfig, treu, verlässlich, Schutz, wachsam, Wächter:in, vertrauenswürdig, vertraut, Haustier, bedingungslos, gehorsam, Dienst

## BEDEUTUNG

Wenn der *Hund* in dein Leben tritt, repräsentiert er normalerweise jemanden, der dir vertraut ist, wie zum Beispiel Freund:innen oder Bekannte. Der *Hund* steht für jemanden, der in dein Leben tritt und dir sehr hilfreich sein wird.

### Lenormand Hund Kombinationen

1 REITER: Besuch von einer:m Freund:in, Ankunft von Hilfe, Nachrichten über eine:n Freund:in, ein Pferd, Ankunft eines Haustieres, schnelle Unterstützung, aktiver Hund, Unterstützungserklärung

2 KLEE: Spielende:r Freund:in, kurzfristige Hilfe, kurze Freundschaft, Glücksinstinkt, lockere Freundschaft, lustige:r Freund:in, flüchtige Unterstützung, leichtes Vertrauen, unbeschwerte Freundschaft, spontane Freundschaft, informelle Untersuchung

3 SCHIFF: Reisekumpel, ausländische:r Freund:in, Reiseleiter:in, Fernfreundschaft, internationale Untersuchung, Abschied von einer:m Freund:in, Navigation in einer Freundschaft, Auslandshilfe, Reiseschutz

4 HAUS: Familientier, Familienschutz, Hausinspektion, Familientreue, Familienfreund:in, Hundehütte, Immobiliensuche, Hausalarm, Haussitting, Haushaltshilfe, Hilfe

5 BAUM: Medizinische Untersuchung, Reviermarkierung, extreme Geduld, spirituelle Führung, wachsende Freundschaft, Baumpflege, Heilpraktiker:in, wachsendes Vertrauen, langjährige Unterstützung, gesunde Freundschaft, spiritueller Coach

6 WOLKEN: Verwirrende Freundschaft, Streit mit einer:m Freund:in, Untersuchung der geistigen Gesundheit, besorgte:r Freund:in, Schönwetter Freundschaft, unklare Unterstützung, Missverständnisse zwischen Freund:innen

7 SCHLANGE: Von einer:m Freund:in verraten, eifersüchtige:r Freund:in, lügende:r Freund:in, Begehren, Egoismus, Rivalität, angezogen von deiner:m Freund:in, unehrliche Freundschaft

8 SARG: Beendigung einer Freundschaft, Trauerbegleitung, Beendigung einer Untersuchung, schlechte Freundschaft, Endergebnis, keine Freunde, nicht zuverlässig, keine Unterstützung

9 BLUMEN: Schöne Freundschaft, angenehme Freundschaft, Freund:innen einladen, dankbar für Freund:innen, Überraschung, Botaniker:in, großartige:r Freund:in, Showhund, schönes Haustier

10 SENSE: Beenden einer Freundschaft, gefährliche Freundschaft, gefährliche Untersuchung, unerwartete Freundschaft, Freund:innen sammeln, erschöpfter Hund

11 RUTE: Beleidigung, Streit, Vertrauensbruch, Kritik, kontrollierende:r Freund:in, Sex mit einer:m Freund:in, wütende:r Freund:in

12 VÖGEL: Tratschende Freund:innen, von Natur aus neugierig, reden über eine:n Freund:in, chatten mit einer:m Freund:in, Freundespaar, Unterstützung

13 KIND: Neuer Welpe, kleiner Hund, Freund:in aus der Kindheit, Kinderschutzbund, Untersuchung, neue:r Freund:in, sehr verspielt, neue Freundschaft, wenig Hilfe, unerfahrene:r Freund:in, naive:r Freund:in

14. FUCHS: Manipulative Freund:in, oberflächliche Freundschaft, Arbeitsfreund:in, nicht vertrauenswürdige:r Freund:in, Arbeit an der Freundschaft, Mitarbeiterunterstützung, Urinstinkte

15 BÄR: Starker Schutz, große Anhängerschaft, großer Hund, starke Freundschaft, große Untersuchung, starke Unterstützung, Trainer für Gewichtsabnahme, große Hilfe

16 STERNE: Geselliger Mensch, Sternengucker, berühmte:r Freund:in, inspirierende:r Freund:in, mehrere Freund:in, Online-Freund:innen, göttlicher Schutz, Blindenhund, universelle Führung, Online Unterstützung, BFF

17 STORCH: Wechselnde Loyalitäten, wechselnde Unterstützung, wechselnde Freundschaft, Radfahren, Geburtscoach, eine schwangere Freundin, sich entwickelnde Freundschaft, wiederkehrende:r Freund:in

19 TURM: Formelle Freundschaft, Schulfreund:in, Platzhirsch, Unterstützung durch die Regierung, juristische Untersuchung, Wachhund, einsame:r Freund:in, vergangene Freundschaft, arrogante:r Freund:in

20 PARK: Freundeskreis, dein Netzwerk, öffentliche Untersuchung, Kontakt, Social-Media-Follower, öffentliche Unterstützung, Treffen mit Freunden, Rudel, öffentlicher Schutz, Club, Nachbarschaftswache

21 BERG: Schwierige Freundschaft, Grenzschutz, schwierige Ermittlungen, ein Bernhardiner, verzögerte Unterstützung, abgeschnitten von Freund:innen, die kalte Schulter gezeigt bekommen, ein Boarder Collie

22 WEGE: Trennung, ein Stalker, mehrere Ermittlungen, ungewöhnliche Freundschaft, mehrere Freund:innen, mögliche Freundschaft, Planungshilfe, folge deinem Instinkt

23 MÄUSE: Nachlassende Loyalität, Verlust von Followern, schmutziger Hund, schwindende Freundschaft, stressige Freundschaft, Freundschaft beenden, weniger Unterstützung, geschwächtes Vertrauen

24 HERZ: Loyaler Freund, treue:r Begleiter:in, geliebtes Haustier, Paartherapie, Herzhund, liebevolle Freundschaft, sich in den/die Freund:in verlieben, großzügige:r Freund:in, mitfühlende Hilfe, romantische Freundschaft

25 RING: Hingabe, Ergebenheit, Loyalität, engagierte Unterstützung, Freundeskreis, Verpflichtung, durch Loyalität gebunden, Eigentum, der Kreis des Vertrauens, Ring des Schutzes, Ehetherapie, Versprechen der Hilfe

26 BUCH: Vertrauen lernen, geheime Freundschaft, Recherche, Studienkumpel, Lektor:in, Schulfreunde, Buchclub, Hundetraining, geheime Untersuchung, ein:e Buchhalter:in, Nachhilfe, Erinnerung

27 BRIEF: SMS oder E-Mail von einem Freund, Hilfe anbietende Nachricht, Hilfe, Senden von Hilfe, geplante Therapie, Nachricht der Unterstützung, Nachrichten an eine:n Freund:in

28 HERR: Treuer Mann, unterwürfiger Mann, freundlicher Mann, hilfsbereiter Mann, loyaler Mann, zuverlässiger Mann, vertrauenswürdiger Mann, vertrauter Mann, männlicher Freund, unterstützender Mann, Polizist

29 DAME: Treue Frau, bekannte Frau, unterwürfige Frau, freundliche Frau, hilfsbereite Frau, loyale Frau, zuverlässige Frau, vertrauenswürdige Frau, vertraute Frau, weibliche Freundin, unterstützende Frau, Polizistin

30 LILIEN: Ältere:r Freund:in, diskrete Freundschaft, alter Hund, Privatdetektiv, Cold Case, weiser Rat, lebenslange Freundschaft, lebenslange Unterstützung, bewährte Unterstützung

31 SONNE: Gute:r Freund:in, glückliche Freundschaft, erfolgreiche:r Freund:in, guter Hund, erfolgreiche Untersuchung, Vertrauen, willkommene Hilfe, wahre Freundschaft, erneuerte Unterstützung, erfolgreiche Therapie, Urlaub mit einer:m Freund:in, Sonnenschutz

32 MOND: Intuitive:r Freund:in, emotionale:r Freund:in, Co-Abhängigkeit, Vertraute:r, Übersinnlichkeit, emotionale Unterstützung, kreative:r Freund:in, emotionaler Unterstützungshund, beeinflusst durch eine:n Freund:in

33 SCHLÜSSEL: Seelenverwandtschaft, wichtige Freundschaft, offen für Hilfe, karmische Freundschaft, offene Untersuchung, Zugang zu Hilfe, offen für Schutz, Antworten offenbart

34 FISCHE: Finanzielle Unterstützung, reiche:r Freund:in, tiefe Freundschaft, Wasserhund, Finanzprüfung, Geschäftsunterstützung, Finanzberatung, finanzieller Schutz, Trinkkumpel, Versicherung, Geschäftspartner:in, Business Coach

35 ANKER: Zuverlässige Unterstützung, Routineuntersuchung, stabile Freundschaft, Routine, Therapie, verlässliche Freundschaft, dauerhafte Freundschaft

36 KREUZ: Von einer:m Freund:in belastet, Priester:in, Geisterjäger:in, kritische Hilfe, enttäuschende Freundschaft, hingebungsvoller Dienst, religiöse:r Freund:in, kritische Untersuchung, anstrengende Freundschaft, spirituelle Führung, schwierige:r Freund:in, religiöse Unterstützung

*Das Gesicht eines Golden Retrievers*
*fühlt sich wie ein Zuhause an.*
*– David Rosenfelt*

# 19 Turm

## SCHLÜSSELWORTE

Einsamkeit, offiziell, zurückgezogen, starr, Ego, Arroganz, Ehrgeiz, formell, die Vergangenheit, Autorität, Verteidigen, Institution, unnahbar, führende (politische) Organe, hohe Strukturen, Gebäude, Regeln, ein alter Mann, etabliert, traditionell, isoliert, oben, Kontrolle, Durchsetzen, Urteil, Selbstsucht

## BEDEUTUNG

Der *Turm* ist eine starre, stolze Struktur, ein Gebäude, das gebaut wurde, um den Test der Zeit zu bestehen. Der *Turm* bedeutet eine tatsächliche Einrichtung, die etwas Offizielles oder Formelles darstellt. Er durchdringt eine Atmosphäre der Unnahbarkeit und Wichtigtuerei.

### Lenormand-Turm-Kombinationen

1 REITER: Nachrichten sind offiziell, schnelles Urteil, auf einem hohen Ross, Bewegungen sind unnahbar, schnelle Entscheidung, junger Mann ist arrogant, Benachrichtigung der Behörden, Verehrer:in aus der Vergangenheit, Postamt

2 KLEE: Glücksspielbehörde, Gelegenheit ergibt sich aus der Vergangenheit, zweite Chance, Casino, Tradition, Hausregeln

3 SCHIFF: Allein reisen, Einsamkeit, Trost suchen, Entfernung verursacht Einsamkeit, Leuchtturm, Konsulat, Reisebüro, weit weg von zu Hause

4 HAUS: Mehrstöckiges Wohnhaus, Immobilienbüro, Familienisolation, Familien-Traditionen, Immobilienanlage, häusliche Struktur

5 BAUM: Gesundheitsorganisation, medizinisches Gebäude, Krankenhaus, wachsender Ehrgeiz, gesundes Ego, erweiterte Isolation, Wirbelsäule oder Rücken, Arztpraxis, Heilung der Vergangenheit, spirituelles Zentrum

6 WOLKEN: Narzisst, zweifelnde Autorität, versteckte Einsamkeit, die Vergangenheit verstecken, Gedankenkontrolle, Gesetzlosigkeit, verwirrt durch die Regeln, unruhige Vergangenheit, getrübtes Urteilsvermögen, Wetterleuchten

7 SCHLANGE: Großer Ehrgeiz, Wunsch nach Anerkennung, Staatsfeind, Lügen über die Vergangenheit, komplizierte Organisation, die Regeln biegen, egoistisch, selbstsüchtig

8 SARG: Allein trauern, Ende des Ehrgeizes, Ende der Einsamkeit, Ende der Traditionen, schlechte Regierung, schlechte Organisation, keine Regeln, Schließung einer Organisation, Loslassen der Vergangenheit

9 BLUMEN: Eitelkeit, sehr eingebildet, Angeber:in, östlicher Turm, Anzeichen von Einsamkeit, Salon, Geschenkeliste, Kunstgalerie, Einkaufszentrum, Heilbad

10 SENSE: Plötzlicher Rückzug, riskanter Ehrgeiz, sofortige Gerechtigkeit, Schulabbruch, Regelverstoß, Urteil, Abbruch der Vergangenheit, gefährliche Organisation

11 RUTE: Fitnessstudio, Sportzentrum, aggressiver Ehrgeiz, sexuelle Vergangenheit, Machtmissbrauch, Durchsetzung der Regeln, fragwürdige Organisation, Konflikt eskaliert

12 VÖGEL: Lautes Organ, Flughafen, die Twin Towers, tratschen über die Vergangenheit, mündliche Überlieferungen, juristische Diskussionen oder Verhandlungen, Höhenflüge, ruhelos in der Isolation, Kontrollturm, Radiosender, über sich selbst sprechen

13 KIND: Kinderbetreuung, Kinderwunsch, Kindheit, Adoptionsvermittlung, sich an die Regeln halten, neue Regeln, eine neue Tradition beginnen, Ego, unterschätzende Autorität

14 FUCHS: Arbeitet für die Regierung, clevere Organisation, sich der Isolation entziehen, einem Gefängnis entkommen, nicht vertrauenswürdige Regierung, betrügerische Organisation, Manipulation der Regeln

15 BÄR: Natürlicher Anführer:in, Restaurant, massiv anmaßend, Richter:in, Nahrungsmittelgebäude oder -fabrik, mächtige Regierung, großes Ego, anmaßend

16 STERNE: Wolkenkratzer, Mobilfunkmast, Satellit, Film- oder Fernsehstudio, Antenne, hoch oben, hohe Ambitionen, inspirierende Organisation, Aufdecken der Vergangenheit

17 STORCH: Hohes Gebäude, Veränderung der Vergangenheit, Umzug, Einsamkeit, sich ändernde Regeln, sich ändernde Traditionen

18 HUND: Den Regeln folgen, vertraute Einsamkeit, die Vergangenheit streng hüten, folge deinem Ehrgeiz, freundlicher alter Mann, Wachturm, folge Traditionen, Polizeipräsidium, Schutz, freundliche:r Beamte:r

20 PARK: Öffentlicher Dienst, Gemeindegebäude, Konferenz, Behörde, öffentliches Unternehmen, eine Gewerkschaft, soziale Isolation, öffentliches Gebäude, Massenkontrolle, Archiv, soziales Engagement, soziale Gerechtigkeit

21 BERG: Anspruchsvolle Autorität, sehr zurückgezogen, schwierige Vergangenheit, Grenze, Kontrolle, sturer alter Mann, Bürokratie, extreme Isolation, unnachgiebig, die Regeln herausfordernd, bergsteigend, extreme Sturheit, dauerhafte Struktur, strenge Regeln

22 WEGE: Isolation, Entscheidung ist fest, Wahlen, Entscheidung über die Regeln, ungewöhnliche Organisation, ungewohnte Regeln, Wahl von Traditionen

23 MÄUSE: Autorität, egoistisch, schwindende Autorität, bröckelnder Turm, verblassende Traditionen, Politikbesessenheit, schmutziges Gebäude, vermindertes Ego

24 HERZ: Einsamkeit, Sehnsucht, Zuneigung wird zurückgezogen, liebevolle Tradition, Beziehungsregeln, großzügige Regierung, freundliche:r Beamte:r, Liebhaber:in aus der Vergangenheit

25 RING: Gebunden durch Bürokratie, feierlicher Eid, gebunden durch Stolz, Heiratsurkunde, an Traditionen gebunden, an die Regeln gebunden, der Deal ist besiegelt, Trauung, Hochzeitsbeamte:r

26 BUCH: Bibliothek, Akasha-Chronik, Verlag, Erinnerung an die Vergangenheit, historische Traditionen, geheime Vergangenheit, Bildungsbehörde, Hochschule/Universität, historische Archive, Wissenschaft, unbekannte Vergangenheit, geheime Organisation

27 BRIEF: Schriftliche Richtlinie, Botschaft ist distanziert, schriftliche Regeln und Vorschriften, Transkription, schriftliches Papierarchiv, schriftliche Erklärung, Zeugnis, Brief von der Regierung

28 HERR: Ehrgeiziger Mann, traditioneller Mann, Mann aus der Vergangenheit, egoistischer Mann, arroganter Mann, einsamer Mann, stolzer Mann, imposanter Mann, formeller Mann, etablierter Mann, kontrollierender Mann

29 DAME: Ehrgeizige Frau, traditionelle Frau, Frau aus der Vergangenheit, selbstsüchtige Frau, Prinzessin im Turm, hochmütige Dame, einsame Frau, einschüchternde Frau, etablierte Frau, kontrollierende Frau, selbstsüchtige Dame

30 LILIEN: Friedliche Einsamkeit, altmodisch, private Gesellschaft, antike Stätten, altes Gebäude, private Organisation, Museum, dein altes Ich, die Vergangenheit, alte Traditionen, Senioren

31 SONNE: Erfolgreiche Organisation, guter Ausgang, Solarturm, Etablierung, Alleinsein, Eigensinn, Zuversicht, Wahrheit über die Vergangenheit

32 MOND: Von der Vergangenheit beeinflusst, sich isoliert fühlen, Autorität erkennen, emotional zurückgezogen, Beeinflussung, die Regeln kennen

33 SCHLÜSSEL: Herrschaft, Freiheit, karmische Vergangenheit, oberste Autorität, Transparente Politik, Ausstieg, Durchbruch, Öffnung, Enthüllung der Vergangenheit, respektierte Organisation

34 FISCHE: Finanzinstitut, Einkaufszentrum, tiefe Einsamkeit, Geldsnob, Fischereibehörden, Finanzkontrolle, Finanzvergangenheit, Geschäftsregeln und -vorschriften

35 ANKER: Sichere Verteidigung, unnachgiebig, langfristige Gefangenschaft, langlebige Traditionen, langanhaltende Isolation, schwere Einsamkeit, Lockdown

36 KREUZ: Steuern, Doktrin, Glaube, religiöses Gebäude/Struktur, obligatorische Quarantäne, Autoritätslast, Kirchenregister, Belastung durch Isolation

*Wenn wir auf sie zurückblicken, scheinen die Dinge immer gerechter zu sein, und das ist unzugänglich für den Turm der Vergangenheit, zu dem sich die Sehnsucht neigt und zu dem sie winkt.*
*– James Russell Lowell*

# 20 Park

## SCHLÜSSELWORTE

Versammlungen, Gemeinschaft, Begegnungen, Öffentlichkeit, Gruppen, Social Media, Menschenmenge, Gesellschaft, Garten, Park, Kultur, Forum, öffentliche Räume, Veranstaltungen, Teamwork, Online, Orte, Freizeit, Soziales Leben, Festivals, Veranstaltungsort, im Freien, jeder, Vereine

## BEDEUTUNG

Wenn der *Park* gemächlich in dein Leben tritt, ist er ein Hinweis auf einen öffentlichen Ort, an den Gruppen von Menschen gehen, um sich zu vergnügen, zu entspannen und mit anderen zusammenzukommen.

### Lenormand-Park-Kombinationen

1 REITER: Ankunft einer Gruppe, Ankündigung eines Ereignisses, Bewegung einer Gruppe, etwas kommt in die Öffentlichkeit, schnelles Treffen, Partnerschaften

2 KLEE: Mehrere Eisen im Feuer, üppige Grünflächen, zwangloses Treffen, kleine Gelegenheit, Kontakte zu knüpfen, zufälliges Treffen, Vergnügungspark, Messe oder Messegelände, spontanes Beisammensein, Spielgemeinschaft, Glücksteam, Comedy-Club

3 SCHIFF: Reisen mit einer Gruppe, Reisen in ein grünes Land, fremde Kultur, internationale Gruppe, zu einer Veranstaltung reisen, eine Gruppe verlassen

4 HAUS: Nachbarschaft, Immobilienteam, Veranstaltung im Haus oder im Freien, Familientreffen, Hausgarten oder Hof, Haus- und Gartenclub, eine häusliche Gruppe, Familien Clan

5 BAUM: Üppiger Garten, Gesundheitskonferenz, Heilgarten, wachsendes Netzwerk, Gesundheits- und Wellness-Ausstellung, spirituelle Gruppe, Gesundheitsclub

6 WOLKEN: Unorganisierte Veranstaltung, Regen, Störenfriede, verwirrend, verwirrendes soziales Leben, vages Treffen, unruhige Veranstaltung, Zweifel am Team, verstecktes Forum, ungeordnete Menge

7. SCHLANGE: Problematische Veranstaltung, Schlange im Gras, schwierige Gruppe, Umwandlung einer Grünfläche, Täuschung der Öffentlichkeit, Faszination der Menge, Probleme mit Nachbarn, kompliziertes Treffen

8 SARG: Abgesagte Veranstaltung, schlechtes Treffen, letzte Zusammenkunft, Verlassen einer Gruppe, nicht vorhandene Teamarbeit, Bewahrung einer Kultur, abgesagtes Treffen, negative Gruppe

9 BLUMEN: Blumen- oder Kräutergarten, schöner Ort, Überraschungstreffen, Design Team, Kunstfestival, Beisammensein, Einladung zu einer Versammlung, besonderes Treffen, blühender Garten, Einladung zu einer Gruppe, Gartenbauverein

10 SENSE: Ernten, was man sät, spontane Zusammenkunft, Trennung zwischen Menschen, Gras mähen, Herbstfest, gefährliche Zusammenkunft, riskantes Rendezvous, unsicheres Ereignis, unerwartete Begegnung, Ansammlung von Menschen

11 RUTE: Sportteam, eine Trainingsgruppe, die Befragung der Öffentlichkeit, Streit in der Öffentlichkeit, Bewegung im Park, Sportverein, aggressive Gruppe, kritische Gruppe

12 VÖGEL: Rede, Konzert, hektische Veranstaltung, nervöse Menschenmenge, Hörsaal, Konzert im Park, Klatsch in der Gruppe, unruhiges Publikum, Zusammenkunft, Musikfestival

13 KIND: Neue Veranstaltung, kleine Versammlung, Kinderveranstaltung, neues soziales Netzwerk, unerfahrenes Team, Spielplatz, neue soziale Gruppe, verletzliche Gruppe, kleine Gruppe

14 FUCHS: Verdächtige Zusammenkunft, unzuverlässiges Team, Schwindel in der Öffentlichkeit, Arbeitstreffen, Arbeitskonferenz, Arbeitsgruppe, intrigantes Netzwerk, Manipulation der Öffentlichkeit

15 BÄR Mächtiges soziales Netzwerk, Großveranstaltung, große Versammlung, große Gruppe, Macht in Zahlen, großes Treffen, Gruppe zum Abnehmen, mächtige Gruppe, großes Treffen

16 STERNE: Große Veranstaltung, Online-Gruppe, High Society, Online-Netzwerk, Online Meeting, Online-Forum, inspirierendes Treffen, „Dream Team", jede soziale Online Plattform, inspirierende Gruppe, positives Treffen

17 STORCH: Wechsel des Veranstaltungsortes, Teamwechsel, saisonales Publikum, Umgruppierung, unruhiges Publikum, wandernde Gruppe, saisonales Ereignis, Frühlingsfest, progressive Gruppe

18 HUND: Freundliche Zusammenkunft, Selbsthilfegruppe, loyales Netzwerk, mit allen befreundet, Team vertrauen, Hunderudel, zuverlässiges Team, einer Gruppe folgen, die Öffentlichkeit, Freund in sozialen Medien, Hundepark

19 TURM: Formelle Zusammenkunft, kontrollsüchtige Gruppe, Parlament, etabliertes Team, politische Partei, eingeschränkt geselliges Beisammensein, Uptown, Kontrolle der Öffentlichkeit

21 BERG: Gegnerisches Team, Blockieren einer Gruppe, herausforderndes Ereignis, hartnäckige Menschenmenge, Verschiebung eines Ereignisses, begrenztes Gebiet, entfernte Treffen, weit entfernte Gruppe

22 WEGE: Mehrere Veranstaltungen, Auswahl eines Teams, ungewöhnliches Treffen, alternativer Veranstaltungsort, unbekannte Gruppe, im Freien, Wege, mehrere Foren

23 MÄUSE: Stressiges Treffen, besorgtes Publikum, vernachlässigter Garten, besorgt über eine Veranstaltung, Zermürbung der Öffentlichkeit, das Kollektiv, Teamarbeit, alle

24 HERZ: Leidenschaftliches Team, Wohltätigkeitsveranstaltung, Dating-Gruppen (online), großzügige Menschenmenge, Social Media Gruppe, Dating-Seiten, wohlwollende Gesellschaft, Dating-Forum, Verabredung, Like auf Social Media

25 RING: Hochzeitsveranstaltung, Buchung eines Veranstaltungsortes, Verlobungsfeier, Vertragspartner, vielversprechende Gruppe, eingezäunter Garten, engagiertes Team, exklusiver Club

26 BUCH: Studiengruppe, geheimes Rendezvous, Aufklärung der Öffentlichkeit, geheime Gruppe, informatives Treffen, geheimes Netzwerk, Verlagsgruppe, Buchclub, geheimes Forum, Publizist, geheimer Garten, geheimes gesellschaftliches Leben, Versammlung, Geheimgesellschaft

27 BRIEF: Zeitung, Nachricht über eine Veranstaltung, Flyer, Blog, Werbung, Beitrag auf Social Media, Autorenclub, Ergebnisse eines Treffens, geplante Treffen

28 HERR: Spieler, männliche Person des öffentlichen Lebens, beliebter Mann, alleinstehender Mann, Playboy, kultivierter Mann, Landei, Boys Club, ungebundener Mann

29 DAME: Femme fatale, weibliche Person des öffentlichen Lebens, Gesellschaftsdame, Partygirl, beliebte Frau, Landmädchen, alleinstehende Dame, kultivierte Frau, Frauengruppe, ungebundene Frau

30 LILIEN: Seniorengemeinschaft, private Gruppe, Seniorenclub, Gentlemen's Club, private Veranstaltung, alte Gruppe, friedliche Zusammenkunft, Ruhestandsveranstaltung, reifes Team, erfahrenes Team, Winterfest, privates Treffen

31 SONNE: Erfolgreiches Treffen, Popularität, der Optimistenclub, effektives Team, zuversichtliches Team, blühendes Team, produktives Netzwerk, Sommerfest, herzlicher Empfang, blühender Garten, erfolgreiches Team, gutes Treffen

32 MOND: Beeinflussung der Öffentlichkeit, Hexenzirkel, magische Gruppe, Metaphysik, emotionales Treffen, Mondgarten, emotionale Gruppe

33 SCHLÜSSEL: Bedeutendes Treffen, öffentliches Treffen, wichtiges Netzwerk, offenes Forum, elitäre Gesellschaft, VIP-Gruppe, wichtiges Treffen, bedeutende Zusammenkunft, offenes Treffen, prestigeträchtiger Club, offen für alle

34 FISCHE: Messe, Geschäftskonferenz, Wasserpark, Firmenevent, Geschäftstreffen Meeting, Geschäftsgruppe, Bar, Finanzgruppe, Trinken in der Öffentlichkeit, der Rotary Club, Geschäftskonferenz

35 ANKER: Langwierige Versammlung, stabiles Netzwerk, Sicherheitstreffen, Routinetreffen, solide Gruppe, Yachtclub, verlässliches Team, Sicherheit in Zahlen, Innenstadt, stabiles Team

36 KREUZ: Religiöse Gruppe, notwendige Teamarbeit, religiöses Forum, heiliger Raum, religiöse Veranstaltung, Séance, Belastung der Öffentlichkeit, Glaubensgruppe, schwieriges Publikum, Versammlung, schwieriges Treffen, enttäuschende Gruppe

*Feen sind dafür bekannt,*
*Pflanzen zu pflegen und Gärten zu beleben.*
*Bewohner von Gärten.*
*– Elizabeth Eiler*

# 21 Berg

## SCHLÜSSELWORTE

Hindernisse, Stillstand, Herausforderungen, Verzögerungen, Sackgasse, Entfernung, Dauerhaftigkeit, Grenzen, Rückschläge, Blockaden, festgefahren, unbeweglich, hart, unnachgiebig, rau, eingeschränkt, Unterbrechung, hartnäckig

## BEDEUTUNG

Wenn der *Berg* in Erscheinung tritt, bildet er immer ein Hindernis oder eine Verzögerung irgendeiner Art. Der *Berg* wirkt erstmal wie ein Rückschlag, der dich innehalten und aufhorchen lässt und dich absichtlich verlangsamt.

## Lenormand-Berg-Kombinationen

1 REITER: Besuch verspätet sich, Ankunft verzögert sich, Firma überzieht, Lieferung verzögert sich, Nachrichten sind herausfordernd, Verehrer:in ist distanziert, Liebhaber:in ist stur

2 KLEE: Kurzer Rückschlag, Glück ist vorübergehend blockiert, leichtes Zögern, kurze Verzögerung, vorübergehendes Hindernis, vorübergehende Blockade, kleine Herausforderung, kurzes Innehalten

3 SCHIFF: Reise wird verschoben, fremde Grenze, Bewegung wird behindert, Reisebeschränkungen, in großer Entfernung

4 HAUS: Familiengrenzen, Haus in den Bergen, Familienhindernisse, Immobilien, Hausverkauf ist ins Stocken geraten, Immobilienrückschlag

5 BAUM: Gesundheitliche Grenzen, tief verwurzeltes Hindernis, Heilkristalle, Gesundheit, Rückschlag, Gesundheit bleibt unverändert, Chakren sind blockiert

6 WOLKEN: Unbekannte Blockade, verstecktes Hindernis, undurchsichtige Herausforderung, Unklarheit, verwirrt durch Verzögerungen, unheimliche Stille, Verleugnung

7 SCHLANGE: Kompliziertes Hindernis, Feind ist unerreichbar, Rohre blockiert, Warnung in der Ferne, Transformation wird aufgeschoben

8 SARG: Blockade gelöst, Sackgasse, das Ende ist verzögert, Ende der Hindernisse, eine geschlossene Grenze, endende Entfernung, keine Unterbrechung, keine Grenzen

9 BLUMEN: Verbesserungen, Erleichterung von Hindernissen, Einladung wird aufgeschoben, schöner Moment der Stille, Genießen der Distanz

10 SENSE: Auf dem Weg abgeschnitten, unerwartetes Hindernis, Impfstoffrückschlag, plötzliche Verzögerung, Gefahr im Verzug, Widrigkeit, unerwartete Verzögerung, plötzliche Blockade, Hindernisse ausschalten

11 RUTE: An die Grenzen gehen, wiederholte Verzögerungen, hart bestraft, fragwürdige Grenzen, sexuell blockiert, Untersuchung führt in eine Sackgasse, Argumente sind harsch

12 VÖGEL: Gespräch aus der Ferne, Gespräch wird unterbrochen, beunruhigende Stille, Gespräch ist begrenzt, Verhandlungen verzögern sich, harsches Gespräch, nervös an einem Grenzübergang

13 KIND: Kleines Hindernis, kurze Verzögerung, kleines Zögern, neues Hindernis, kleine Herausforderung, neue Herausforderung, kleiner Rückschlag

14 FUCHS: Hindernisse überwinden, aus der Ferne arbeiten, Herausforderungen am Arbeitsplatz, Arbeitsprobleme, eine Umgehung, ein Rückschlag

15 BÄR: Großes Hindernis, Abnehmen, große Herausforderung, große Blockade, Ernährungsprobleme, große Verzögerung

16 STERNE: Atemberaubende Aussicht, höhere Perspektive, klarsehen, große Entfernung, ewig, zeitlos, den Gipfel des Berges erreichen, Grenzen aufzeigen, Hindernisse aus dem Weg räumen

17 STORCH: Umzug in die Berge, etwas Bewegung, durch Hindernisse hindurchgehen, Hindernisse, eine Blockade auflösen, wiederkehrende Verzögerungen, Grenzen verändern

18 HUND: Vertrauen in die Verzögerung, Grenzen schützen, Grenzen respektieren, Hilfe bei Herausforderungen erhalten, freundliche Distanz wahren

19 TURM: Rechtliche Herausforderungen, Eingrenzung, Bräuche, autorisierte Grenzen, sehr stur, eine formale Grenze, eine starre Haltung einnehmen

20 PARK: Grenzen der Menschenmenge, öffentliche Behinderung, Treffen wird verschoben, soziale Distanzierung, soziale Grenze, ein Gruppenereignis wird verschoben, eine kulturelle Grenze

22 WEGE: Weg führt nirgendwohin, Straßensperre, ungewöhnliche Einschränkung, zögernd auf dem Weg, Entscheidung steht fest, ungewöhnlicher Rückschlag, mögliche Herausforderung, alternativer Weg auf den Berg

23 MÄUSE: Grenzen zerstören, Hindernisse aus dem Weg räumen, bröckelnder Berg, abnehmende Hindernisse, besorgt über Herausforderung, gestresst über eine Verzögerung, weniger Einschränkungen

24 HERZ: Beziehung ist eine Herausforderung, Liebe wird aufgegeben, romantischer Rückschlag, Liebe ist hart, Herz aus Stein, Beziehung hat ihre Grenzen

25 RING: Vertrag ist dauerhaft, Ehe ist herausfordernd, Vertrag ist unzerbrechlich, Vertragsverzögerung, Verlobung wird aufgeschoben, Hochzeit wird verschoben, ständige Hindernisse, Engagement ist schwer

26 BUCH: Geheimnisse werden gut gehütet, Schule ist schwierig, Informationen werden verzögert, Buch verzögert sich, unbekanntes Hindernis, erzieherische Herausforderung, unbekannte Grenzen, kluge Grenzen setzen

27 BRIEF: In Stein gemeißelt, Kommunikation ist blockiert, Korrespondenz unterbrochen, Texte sind begrenzt, Nachricht ist herausfordernd, Schreibblockade, Newsletter ist verzögert, Nachrichten sind blockiert

28 HERR: Sturer Mann, harter Mann, distanzierter Mann, gleichgültiger Mann, feindseliger Mann, schroffer Mann, herausfordernder Mann, Bergmann, unerreichbarer Mann

29 DAME: Dickköpfige Frau, desinteressierte Frau, harte Frau, distanzierte Frau, nonchalante Frau, feindselige Frau, herausfordernde Frau, unerreichbare Frau, schwer zu erreichende Frau

30 LILIEN: Ruhestand wird verschoben, kalte Schulter, Langlebigkeit, verschneiter Berg, Lawine, kalter Berg, alter Mann, alt wie die Berge, Herausforderungen im Ruhestand

31 SONNE: Überwindung von Herausforderungen, Überwindung von Hindernissen, Erneuerung von Grenzen, Erreichen des Gipfels, Erfolg, tägliche Herausforderungen, erleuchtende Blockaden

32 MOND: Kreative Blockade, unsensibel sein, sich blockiert fühlen, emotionale Blockade, intuitive Blockade, über Begrenzungen nachdenken, Distanz spüren, emotionale Grenzen, sich des Hindernisses bewusst sein

33 SCHLÜSSEL: Erhebliche Verzögerung, Öffnung wird enthüllt, wesentliche Herausforderung, wichtige Grenze, Blockaden auflösen, Grenzen öffnen

34 FISCHE: Finanzieller Rückschlag, geschäftliche Herausforderung, Ausgabenbeschränkung, Gelder sind verzögert, Geschäftsgrenzen, Ressourcen sind begrenzt

35 ANKER: Dauerhaft, festgefahren, langanhaltende Verzögerung, schwere Stille, langjähriges Hindernis, stark behindert, kaum in Bewegung, Stagnation, unbeweglich, schweres Gewicht, fester Fels

36 KREUZ: Entscheidende Verzögerung, Pilgerreise auf einen Berg, enttäuschende Verzögerung, Transzendenz, schwieriges Hindernis, Härte, Prüfung der Grenzen, heilige Stille, anstrengende Herausforderungen

*Über jeden Berg gibt es einen Weg,*
*auch wenn man ihn vom Tal aus nicht sieht.*
*– Theodore Roethke*

# 22 Wege

## SCHLÜSSELWORTE

Entscheidung, Straße, Wahl, Möglichkeiten, ungewöhnlich, Pro & Contra, Abenteuer, Alternative, Planung, Kreuzung, Weg, viele, Trennung, Optionen, ungewohnt, anders, der Weg

## BEDEUTUNG

Wenn die *Wege* sich in dein Leben schlängeln, zeigen sich dir mehrere Pfade, diese Entscheidung muss aus deinem eigenen Antrieb getroffen werden.

## Lenormand-Wege-Kombinationen

1 REITER: Entscheidung, sich auf dem Weg fortbewegen, seine Entscheidung verkünden, Besuch ist auf dem Weg

2 KLEE: Spaß auf der Straße haben, glückliche Alternative, glücklicher Weg, vorübergehende Entscheidung, leichte Entscheidung, spontane Entscheidung, glückliche Entscheidung, kleine Gelegenheit auf dem Weg

3 SCHIFF: Reiseentscheidung, eine Karte, den eigenen Weg planen, Reisepläne, Reisen auf der Straße, Reiseoptionen, Erkundung deiner Möglichkeiten, abseits der ausgetretenen Pfade

4 HAUS: Bequeme Entscheidung, Renovierungspläne, Familienplanung, Immobilien, Optionen, Familienentscheidungen, Hausoptionen, Hauspläne

5 BAUM: Entscheidung, gesunde Entscheidungen treffen, Lebensplan, Spaziergang in der Natur, gesunde Optionen, Entwürfe, Genesung ist ein langer Weg, Geduld beim Entscheiden

6 WOLKEN: Traurige Entscheidung treffen, unentschlossen, enttäuschende Entscheidung, verloren, sehr verwirrt, unruhiger Weg, unklarer Weg, unentschlossen bleiben, schwankender Weg, verwirrende Wahl, Unentschlossenheit, vager Plan

7 SCHLANGE: Problematischer Weg, flexible Wahl, kurvenreicher Weg, Weggabelung, Vorsicht, transformative Entscheidung, Wunsch nach Optionen, komplizierte Entscheidung, ein Labyrinth, der krumme Weg

8 SARG: Negative Entscheidung, kein Plan, keine Wahl ist getroffen, schlechter Plan, endgültige Pläne, Ende des Weges, Sackgasse, keine Optionen, kein Ausweg

9 BLUMEN: Positive Entscheidung, überraschende Wahl, schöner Plan, Gestaltungsplan, östlicher Weg, mit Optionen präsentiert, angenehme Wahl, Entscheidungen

10 SENSE: Schwierigen Weg einschlagen, einen Weg bahnen, getrennter Weg, gefährlicher Plan, Entscheidung, plötzliche Entscheidung, Wahl

11 RUTE: Eine Entscheidung anfechten, sexuell abenteuerlich, fragwürdige Entscheidung, sich wiederholende Entscheidungen, Optionen, Vor- und Nachteile, Ausführen eines Plans, viele Male

12 VÖGEL: Ein Paar, hektische Entscheidung, Flugbahn, Trennung, Pläne besprechen, zwei Optionen werden präsentiert, ein Paar hat die Wahl, unruhige Entscheidung

13 KIND: Naive Entscheidung, kurzer Weg, sich auf den Weg machen, neue Möglichkeiten, neue Optionen, unreife Entscheidung, einfache Wahl, kleine Entscheidung, neuer Weg, neuer Plan

14 FUCHS: Berufswahl, knifflige Entscheidung, falscher Weg, Arbeitsentscheidung, instinktive Entscheidung, Manipulation einer Entscheidung, Karriereweg

15 BÄR: Große Entscheidung steht bevor, Entscheidungsgewalt, Lebensmittelauswahl, starke Entscheidung, große Pläne, Diätplan, erzwungene Entscheidung, starke Möglichkeit

16 STERNE: Gute Entscheidungen, hoffnungsvolle Optionen, klarer Plan, geführte Entscheidung, gute Optionen, Online-Optionen, klare Wahl, jenseitig, erhellender Weg, erhebende Entscheidung, den richtigen Weg einschlagen, geführter Weg, von Möglichkeiten träumen

17 STORCH: Verbesserung, Plan B, sich bewegen, Planänderung, ein Geburtsplan, Änderung der Entscheidung, Fortschritt, geringe Auswahl, sich entwickelnde Optionen, Pläne ändern, vorankommen, saisonale Optionen

18 HUND: Folge deinem Weg, Wächter der Kreuzung, Instinkte, vertraute Wahl, zu deiner Entscheidung stehen, verlässliche Wahl, vertraue auf deine Entscheidung

19 TURM: Rechtliche Möglichkeiten, Nachfolgeplanung, offizielle Entscheidung, Wahlen, Urteil, eine Entscheidung, autorisierte Entscheidung, ein Urteil, formale Entscheidung, ehrgeizige Entscheidung, offizieller Plan, vergangene Entscheidung

20 PARK: Gruppenentscheidung, Gemeinschaftsplanung, im Freien, Veranstaltungsplanung, Volksentscheidung, öffentliche Entscheidung, Mainstream-Optionen, Grünflächenplanung

21 BERG: Bergpfad, Berg steht im Weg, blockiert den Weg, in einer Sackgasse, der unbetretene Weg, Hindernis auf dem Weg, verzögerte Entscheidung, dauerhafte Entscheidung, schwierige Entscheidung, herausfordernder Plan

23 MÄUSE: Verschwindende Optionen, der ausgetretene Pfad, schlechte Wahl, kollektive Entscheidung, kostspielige Entscheidung, zerstörte Möglichkeiten, korrupte Entscheidung, vom Weg abgekommen

24 HERZ: Unverbindlich, Beziehungsentscheidungen, getrennte Wege gehen, eine leidenschaftliche Entscheidung, Herzensentscheidung, Beziehungsplanung, Für und Wider

25 RING: Heiratsentscheidung, Vertragsoptionen, kontinuierliche Planung, exklusive Option, endlose Möglichkeiten, engagierter Plan, vorgeschlagene Optionen, mehrere Verträge, vereinbarte Entscheidung

26 BUCH: Unbekannte Optionen, Bildungsplan, unbekannter Weg, geheime Option, erzieherische Entscheidung, eine geheime Entscheidung treffen, geheime Pläne, Recherchieren von Vor- und Nachteilen

27 BRIEF: Schriftlicher Plan, Erstellung einer Liste von Vor- und Nachteilen, Marketingplan, Werbeplan, Liste der Optionen, Werbeentscheidungen

28 HERR: Unentschlossener Mann, getrennter Mann, unbekannter Mann, mehrere Männer, ungewöhnlicher Mann, unentschlossener Mann, alternativer Mann

29 DAME: Unentschlossene Frau, getrennte Frau, unbekannte Frau, mehrere Frauen, ungewöhnliche Frau, ungebundene Frau, alternative Frau

30 LILIEN: Ruhige Entscheidung, Privatweg, Ruhestandsplanung, alte Entscheidung, eine reife Entscheidung treffen, diskrete Trennung, verschneite Straße

31 SONNE: Tolle Möglichkeit, guter Plan, gute Alternative, positive Entscheidung, mutige Entscheidung, fabelhafte Wahl, sonniger Weg, goldene Gelegenheit, bewusste Entscheidung, Urlaubsplanung

32 MOND: Emotionale Entscheidung, abseits der ausgetretenen Pfade, magischer Weg, kreative Möglichkeit, intuitive Wahl, beeinflusste Entscheidung, Erkennen von Möglichkeiten, mondbeschienener Pfad

33 SCHLÜSSEL: Offener Weg, bedeutende Entscheidung, karmischer Pfad, Wahlfreiheit, offener Plan, wichtige Entscheidung, Optionen aufzeigen, edle Wahl, offen für neue Wege

34 FISCHE: Geldentscheidung, Geschäftsplan, Investitionsplan, Budget, Einkaufsmöglichkeiten, Optionen, finanzielle Entscheidung, schwankende Entscheidung, Finanzplanung

35 ANKER: Langfristige Planung, auf dem Weg, gewichtige Entscheidung, gesicherte Optionen, Abwägen von Vor- und Nachteilen, schwere Unentschlossenheit, stabiler Plan, feststecken zwischen mehreren Optionen

36 KREUZ: Schwierige Wahl, Trennung, am Scheideweg, schwieriger Plan, schwierige Entscheidung, mehrere Enttäuschungen, schmerzhafte Entscheidung, religiöse Entscheidung

*Manchmal können wir den Weg wählen, den wir gehen.*
*Manchmal werden unsere Entscheidungen für uns getroffen.*
*Und manchmal haben wir überhaupt keine Wahl.*
*– Neil Gaiman*

# 23 Mäuse

## SCHLÜSSELWORTE

Verminderung, Beschädigung, Abnutzung, Zerfall, Zerstörung, verblassen, verschwinden, Schmutz, opportunistisch, erschöpft, abnehmend, verschlechternd, Reparaturen, kostspielig (nicht Geld), Zwang

## BEDEUTUNG

Wenn die *Mäuse* in dein Leben huschen, sei wachsam, denn etwas wird angeknabbert und Stück für Stück beschädigt. Und bevor du es merkst, wird es problematisch werden.

### Lenormand-Mäuse-Kombinationen

1 REITER: Paket gestohlen, schlechte Nachricht, schnelle Reparatur, Antrieb schwindet, schnell und schmutzig, schnell schwindend

2 KLEE: Weniger Glück, Gelegenheiten werden weniger, die Chance schwindet, Glücksspiel kostet dich, weniger Optionen, Verlust

3 SCHIFF: Schiffsreise abgebrochen, Reisen wird weniger, Bewegung vermindert, Reisebesessenheit, Autoreparatur

4 HAUS: Hausreparaturen, Sachschaden, Familiensorgen, kleine Immobilie, Immobilienverkleinerung

5 BAUM: Müdigkeit, Hypochonder, Erschöpfung, Zahn, Fäulnis, Baumfäule, auf Gesundheit achten, Geduld schwindet, wenig Elan

6 WOLKEN: Verwirrung lässt nach, Zweifel werden weniger, der Sturm wird schwächer, Depression lässt nach, Sorgen nehmen ab, Störungen nehmen ab, Probleme verschwinden

7 SCHLANGE: Probleme, Anziehungskraft wird schwächer, Schwierigkeiten, Drahtschaden, Rohrschaden

8 SARG: Abschluss, Ende, anderen Weg wählen, Transformation

9 BLUMEN: Schönheitswahn, Einladung abgelehnt, Kunstdiebstahl, Blumen verblassen, negative Überraschung, weniger Dankbarkeit, Einladung verloren

10 SENSE: Gefährlich, unerwarteter Schaden, verdorbene Ernte, Probleme

11 RUTE: Körperlich erschöpft (Müdigkeit), Argumente nehmen ab, Nörgelei, Schadensersatzstreitigkeiten, Ärger lässt nach, weniger Sex

12 VÖGEL: Gespräch erschöpft, Telefonanruf, Nervosität, Gespräch verblasst, lästern, unbefriedigende Verhandlungen

13 KIND: Unerfahrenheit ist kostspielig, kleine Reparaturen, kleiner Schaden

14 FUCHS: Ärger am Arbeitsplatz, weniger arbeiten, heimliche Beobachtung, Workaholic, Arbeitsmüdigkeit, Schaden

15 BÄR: Stärke wird schwächer, großes Durcheinander, abnehmende Kraft, Foodie, Diätstress, Gewichtsverlust, weit verbreitet, Sorge

16 STERNE: Online-Korruption, unklar, Vision schwindet, Träume geschwächt, weniger Inspirationen

17 STORCH: Unruhe, Stillstand, Bewegungsschaden, Veränderung verursacht Sorgen, saisonaler Schaden

18 HUND: abnehmende Freundschaft, Loyalität angespannt, Rudelverhalten, achte auf Diebstahl, weniger Unterstützung

19 TURM: Gebäude bröckelt, opportunistisch, eigennützig, Schaden, weniger Ehrgeiz, Einsamkeit löst sich auf, verlorene Tradition

20 PARK: Gruppengeist, dein Netzwerk, Veranstaltung ist schwierig, überfüllt, das Kollektiv, weniger Teamwork, jeder, (Online-)Gruppe ist schädlich

21 BERG: Beschränkungen abgebaut, Barrieren entfernt, Hindernisse abnehmend, Berg zerbröckelt, Hindernisse zerstört, Stück für Stück erklommen, Verzögerungen lassen nach, Grenzen verringert, Entfernung verringert sich

22 WEGE: Der Weg verengt sich, Möglichkeiten nehmen ab, Trennung kostspielig, Entscheidung nagt an dir, mehrfache Reparaturen, Unterwegssein zermürbt

24 HERZ: Leidenschaftslos, die Liebe nimmt ab, schwierige Beziehung, weniger Anziehungskraft, entmutigt, komplizierte Romanze

25 RING: Vertrag aufgelöst, Versprechen verblassen, Ehe problematisch, Reparaturen, Ring, Versprechen verschwinden, Vertrag ist fehlerhaft, Vereinbarung ist schwierig

26 BUCH: Geheimnisse sind kostspielig, Informationen, anstrengendes Studium, Wissen verschwendet, Geheimnisse nach und nach aufgedeckt, Bildung sinkt, Manuskript ist schwierig, Erinnerungen verblassen

27 BRIEF: Weniger kommunizieren, SMS werden weniger, Nachrichten verschwinden, Zeitplan, Dateien sind beschädigt, Ergebnisse sind schädlich

28 HERR: Besorgter Mann, minderwertiger Mann, gestresster Mann, opportunistischer Mann, auslaugender Mann, schwieriger Mann

29 DAME: Besorgte Frau, schwierige Frau, gestresste Frau, opportunistische Frau, auslaugende Frau, widerspenstige Frau

30 LILIEN: Alternd, Ruhestandssorgen, zerstörter Frieden, alt und verfallend, alter Schaden, Winterreparaturen, alte Ruinen

31 SONNE: Schatten werfen, das Tageslicht schwindet, tägliche Sorgen, Sonnenschäden, Erfolg zermürbt, die Wahrheit nagt an dir, weniger Urlaub

32 MOND: Emotional schwierig, Erkennen des Schadens, Intuition schwächelt, Gefühl erschöpft, Kreativität schwindet, sich gestresst fühlen

33 SCHLÜSSEL: Der Zugang ist eingeschränkt, Sabotage wird aufgedeckt, Freiheit ist kostspielig, neuer Weg wird gefunden, Aufpassen

34 FISCHE: Geldmittel gehen zur Neige, finanzieller Stress, Ressourcen vermindert, Wasser versiegt, finanziell auslaugend, Geschäftssorgen

35 ANKER: Sorgen, anhaltende Müdigkeit, instabil, Halt wird schwächer, Routinereparaturen

36 KREUZ: Panik, Sorgen, Glaube zerstört, Erschöpfung

*Eine bessere Mausefalle zu bauen,*
*führt nur zu klügeren Mäusen.*
*– Benjamin Franklin*

# 24 Herz

## SCHLÜSSELWORTE

Liebe, Herzensangelegenheit, Leidenschaft, Romantik, Beziehung, das Herz, Mitgefühl, Liebhaber:in, Vergnügen, Flirten, Freundlichkeit, Lieben, Großzügigkeit, Zuneigung, Verabredung, Vergebung, Herzensangelegenheiten, Philanthropie

## BEDEUTUNG

Das *Herz* kann für alle Arten von Liebe stehen, am häufigsten für die romantische Art. Es führt dich zu deinem Herzenswunsch.

### Lenormand-Herz-Kombinationen

1 REITER: Liebhaber:in, Verehrer:in verliebt sich, potentielle Beziehung, Liebeserklärung, mitfühlend überbrachte Nachricht

2 KLEE: Glücklich verliebt, kurzfristige Affäre, leichte Beziehung, schnelle Verliebtheit, Gelegenheitsliebe, Risiko in der Liebe eingehen, stürmische Liebesaffäre, beiläufige Verabredung, Gelegenheit für Liebe, unbeschwert, Tändelei, lockere Beziehung

3 SCHIFF: Fremde:r Geliebte:r, Fernbeziehung, Sehnsucht, Geliebte:r in Übersee, Verlassen einer Beziehung, Abschied von einer:m Geliebten, Navigieren in einer Beziehung, Meer der Liebe

4 HAUS: Zuhause ist, wo das Herz ist, Familienliebe, Familienbeziehung, komfortable Beziehung, häusliche Angelegenheiten, Familienbeziehung

5 BAUM: Gesundes Herz, wachsende Verehrung, spirituelle Art von Liebe, gesunde Beziehung, angestammte Liebe, tief verwurzelte Beziehung

6 WOLKEN: Traurige Romanze, Missverständnisse in der Beziehung, turbulente Beziehung, Verstecken einer:s Geliebten, versteckte Beziehung, unklare Absichten, verwirrende Beziehung, vage Beziehung

7 SCHLANGE: Unehrliche Beziehung, eifersüchtige:r Liebhaber:in, komplizierte Beziehung, unerlaubte Affäre, Herzensangelegenheiten, kaltherzig, toxische Beziehung

8 SARG: Schwierige Romanze, Beendigung einer Beziehung, endet mit Herzschmerz, nichtexistierende Beziehung, schlechtes Date, verschlossenes Herz, keine Leidenschaft, negative:r Liebhaber:in

9 BLUMEN: Schöne Beziehung, großzügiges Herz, glückselig verliebt, blühende Romantik, süße Liebe, Rosen, eingeladen zu einem Date, Geschenk der Liebe, attraktive:r Liebhaber:in, schönes Herz

10 SENSE: Trennung, ein abgebrochenes Date, ein gebrochenes Herz, verängstigt in der Liebe, geteilte Liebe, eine:n Liebhaber:in loswerden, sich versehentlich verlieben, unerwartete Beziehung, eine riskante Beziehung

11 RUTE: Sexuelle Beziehung, Erotik, fragwürdige Beziehung, Streit mit einer:m Liebhaber:in, aggressive:r Liebhaber:in

12 VÖGEL: Worte der Liebe, Gespräche sind kokett, Herzflattern (Schmetterlinge), Verliebte, Liebende, leidenschaftliche Gespräche, ängstliche:r Liebhaber:in, auf sein Herz hören, leidenschaftlich tratschen, Gespräche über Liebe und Beziehungen

13 KIND: Junge Liebe, Jugendliebe, kurze Beziehung, unreife Liebhaber:in, verletzliche Beziehung, Flirten, neue Beziehung, Kinderbetreuung, erste Liebe

14 FUCHS: Arbeitsbeziehung, Arbeit an einer Beziehung, heimliche:r Liebhaber:in, Flirten am Arbeitsplatz, Büro-Romanze, gestohlenes Herz, leidenschaftlich im Job, Freundlichkeit ausnutzen, schuldiges Vergnügen

15 BÄR: Dominante:r Liebhaber:in, großes Herz, große Liebe, Chef mit großem Herz, Macht der Liebe, entschlossene:r Liebhaber:in, kühn flirten, starke Beziehung, erzwungene Beziehung

16 STERNE: Verliebtheit, Traumliebhaber:in, vielversprechende Beziehung, Online-Dating, größte Liebesgeschichte, Celebrity Crush, wie ein Star, Wunsch nach Liebe, ewige Liebe, gesegnete Beziehung

17 STORCH: Den nächsten Schritt wagen, Sinneswandel, Wiedereinstieg in die Dating-Szene, Umziehen für die Liebe, rastloses Herz, progressive Beziehung, zurückkehrende:r Liebhaber:in, Veränderungen in der Beziehung

18 HUND: Platonische Beziehung, verliebte Freunde, bedingungslose Liebe, Wächter über dein Herz, treue:r Liebhaber:in, beschützende:r Liebhaber:in, freundschaftliche Romanze, verlässliche Beziehung

19 TURM: Verlassene:r Liebhaber:in, vergangene Beziehung, offizielle Verabredung, etablierte Beziehung, einsames Herz, einsam in einer Beziehung, vergangene Beziehung, arrogante:r Liebhaber:in, offizielle Beziehung

20 PARK: Mehrere Eisen im Feuer, eine:n Liebhaber:in treffen, Gruppendate, ein:e Spieler:in, ungebundene Beziehung, Dating

21 BERG: Blockierte Romantik, Hindernis in der Beziehung, gleichgültige Affäre, Mangel an Erfüllung, blockiertes Herz, sture Liebe, herausfordernde Beziehung, harte Liebe, verhärtetes Herz

22 WEGE: Trennungen, mehrere Partner:innen, alternative Beziehung, romantische Optionen, Fernweh, Wahl zwischen Partner:innen, Entscheidung über Liebe, Möglichkeit einer Romanze, viele Wege zur Liebe, mehrere Dates

23 MÄUSE: Beschädigte Beziehung, sich verschlechternde Beziehung, besorgt über eine Beziehung, weniger Zuneigung, weniger Likes (Social-Media-"Herzen")

25 RING: Heiratsantrag, Ehering, verheiratet, verlobt, Partnerschaft, Versprechen der Liebe, durch Liebe gebunden, Liebesschwur, feste Beziehung, verheiratete Liebe, eheähnliche Gemeinschaft

26 BUCH: Geheime Beziehung, heimliche:r Geliebte:r, heimlicher Verehrer:in, Buch der Liebe, Erforschung der Liebe, Erinnerung an eine große Liebe, Beziehungstagebuch, leidenschaftlich Lernen

27 BRIEF: Liebesbotschaft, einer:m Geliebten eine SMS schreiben, Liebesbriefe schreiben, romantische Nachricht, eine Anzeige aufgeben, Liebe senden, Bloggen über Liebe und Beziehungen, Liebesbotschaft

28 HERR: Männlicher Liebhaber, leidenschaftlicher Mann, großzügiger Mann, großherziger Mann, Gentleman, rücksichtsvoller Mann, gutherziger Mann, mitfühlender Mann, Philanthrop

29 DAME: Weibliche Geliebte, leidenschaftliche Frau, großzügige Frau, herzensgute Frau großherzige Frau, sanfte Frau, rücksichtsvolle Frau, zärtliche Frau, gütige Frau, mitfühlende Frau, Philanthropin

30 LILIEN: Alte Flamme, erfahrene:r Geliebte:r, reifer Liebhaber, kaltherzig, etablierte Beziehung, diskrete Geliebte:r, private Beziehung

31 SONNE: Blühende Beziehung, wahre Liebe, glücklich verliebt, freudige Liebe, brennende Liebe, gutes Herz, heitere romantische Aussicht, gute Beziehung, Sommerliebe, heiße:r Geliebte:r, Urlaubs-Flirt

32 MOND: Verrückte Art von Liebe, sich geliebt fühlen, große Zuneigung, emotionale Intimität, kreative Leidenschaft, Nachdenken über eine Beziehung, intuitive:r Liebhaber:in

33 SCHLÜSSEL: Offene Beziehung, öffne dein Herz, JA zur Liebe, Schlüsselbeziehung, wichtige Romantik, offen für die Liebe, gefühlvolle Liebe, karmische Liebe, bedeutende Beziehung, schicksalhafte Liebe, edles Herz, die Freiheit, zu lieben

34 FISCHE: Tiefe Zuneigung, Geschäftsbeziehung, Geldspende, reiche:r Partner:in, Leidenschaft fließen lassen, Dating, Sugar Daddy, Sugar Mama, tiefe Liebe, in eine Beziehung investieren

35 ANKER: Stetige Romanze, ernsthafte Beziehung, sich niederlassen, langfristige Beziehung, sich gebunden fühlen, stabile Beziehung, langanhaltende Liebe, solide Beziehung, in einer Beziehung feststecken

36 KREUZ: Zwanghafte Beziehung, Partner:in testen, sich für die Beziehung schämen, Liebe aufgeben, schmerzhafte Beziehung, Märtyrer in der Liebe sein, Leiden in einer Beziehung, enttäuschende Beziehung, Vertrauen in Geliebte:n

*Ich liebe dich also, weil das gesamte Universum sich verschworen hat, um mir zu helfen, dich zu finden.*
*– Paulo Coelho*

# 25 Ring

## SCHLÜSSELWORTE

Verpflichtungen, Vereinbarungen, Vereinigungen, Kreis, Verbindungen, Verlobungen, Heirat, kontinuierlich, Schmuck, Verträge, Deals, Runde, Versprechen, Bindungen, Vorschlag, Kreislauf, Gelübde, innerer Kreis, Angebot

## BEDEUTUNG

Der *Ring* steht für alle Arten von Verpflichtungen und Vereinbarungen; schau auf die Karten neben dem *Ring*, um das Thema zu erkennen. Die Form des *Rings* ist ebenfalls bedeutsam, denn sie spricht von Zyklen und Kreisen und allem, was von Natur aus beständig ist.

### Lenormand-Ring-Kombinationen

1 REITER: Nachrichten über eine Vereinbarung, Übergabe des Vertrags, schnelles Geschäft, Ankündigung, das Aufgebot, Neuigkeiten über ein Geschäft, Neuigkeiten sind im Umlauf

2 KLEE: Kurzfristige Vereinbarung, glücklicher Deal, glücklicher Vertrag, zwanglose Hochzeit, informelle Vereinbarung, überraschende Verlobung, einfache Verbindung, beiläufiges Angebot

3 SCHIFF: Internationaler Vertrag, Reisevertrag, Hochzeit in Übersee, Autoleasing, Schifffahrtsvertrag, Reisearrangements, Verbindungen erkunden, Handelsabkommen, Hochzeit

4 HAUS: Mietvertrag, Familienbeziehungen, Markengeschäft, Familienbande, Immobilien, Immobiliengeschäft, Immobilienangebot, Familienkreis

5 BAUM: Stabiler Vertrag, Heilkreis, Behandlung ist im Gange, spiritueller Kreis, gesunde Ehe, spiritueller Vertrag, wachsende Verbindung, Erweiterung eines Angebots, spirituelle Verbindung

6 WOLKEN: Verwirrender Vertrag, unsicheres Versprechen, vage Vereinbarung, unklare Vereinbarung, Missverständnis einer Verbindung, komplizierte Ehe, verwirrendes Angebot

7 SCHLANGE: Wunsch nach Bindung, Verrat, selbstsüchtige Vereinbarung, Probleme im Paradies, komplexes Angebot

8 SARG: Beendigung, verlorener Ring, ein Geschäft verlieren, ein Angebot zurückziehen, Vertrag auflösen, eine Vereinbarung, letztes Angebot, leeres Versprechen

9 BLUMEN: Glückliche Ehe, schöne Verbindung, ein Angebot unterbreiten, faires Geschäft, soziales Engagement, erfreulicher Vertrag, soziales Engagement, Eventvertrag, günstige Vereinbarung, Schmuck, Geschenk

10 SENSE: Abbruch, Trennung, zerbrochener Ring, einen Zyklus beenden, riskantes Geschäft, unwiderrufliche Vereinbarung, Scheidungsvereinbarung

11 RUTE: Anfechtung eines Vertrags, Teufelskreis, Wettbewerb um einen Vertrag, schwierige Ehe, wiederholte Versprechen, sexuelle Vereinbarung, eine Meinungsverschiedenheit

12 VÖGEL: Gerüchte, Verhandlungen über einen Vertrag, Angst vor Verpflichtungen, Partnerschaftsvereinbarung, mündliche Vereinbarung, nervös wegen eines Antrags, mündliche Verpflichtung, Musikvertrag, Diskussion über einen Vertrag, Klatsch und Tratsch

13 KIND: Neue Vereinbarung, Adoptionsvereinbarung, kurze Verlobung, kleines Versprechen, neue Verbindung, Frischvermählte, kleiner Vertrag

14 FUCHS: Komplizierter Vertrag, an einer Ehe arbeiten, einen Vertrag manipulieren, unaufrichtiges Versprechen, Arbeitsvertrag, falsche Vereinbarung, falscher Ring, nicht eingehaltene Vereinbarung

15 BÄR: Starke Ehe, erzwungene Vereinbarung, starke Bindung, großer Deal, große Verpflichtung, großes Versprechen, starkes Angebot

16 STERNE: Zukünftige Ehe, Diamantring, Hoffnung auf Ehe, Wunsch nach Verlobung, Verbindung, geradliniger Vertrag, inspirierende Verbindung, klare Verpflichtung, Ewigkeitsring, hochkarätige Ehe, online Angebot

17 STORCH: Rückkehr, sich ständig bewegen, geänderte Vereinbarung, im Kreis gehen, saisonaler Vertrag, Comeback, Vertragsänderung, progressive Ehe, beweglicher Vertrag, Kehrtwende

18 HUND: Treue Ehe, loyale Bindung, freundliches Versprechen, hilfreiche Verbindung, freundliche Vereinbarung, Hundehalsband, Unterstützung weiterhin, sehr engagiert

19 TURM: Unternehmensfusion, rechtliche Vereinbarung, feste Abmachung, offizielle Verlobung, traditionelle Hochzeit, vorherige Verbindung, legale Ehe, Regeln der Verlobung, Regierungsvertrag, einsam in der Ehe

20 PARK: Club, Gartenhochzeit, Hochzeit im Freien, Vertrag über Landschaftsgestaltung, öffentliche Verlobung, öffentliches Versprechen, sozialer Kreis (soziale Blase), Mitglieder Ring, Gruppenvertrag

21 BERG: Innerer Kreis, Grenzen, dauerhafte Vereinbarung, Anfechtung Vertrag, harter Deal, Fernverbindung, schwierige Verpflichtung, verspätetes Versprechen, herausfordernde Ehe

22 WEGE: Trennung, mehrere Ehen, Trennungsvereinbarung, zahllose Versprechen, Polygamie, alternative Ehe, das Für und Wider eines Vertrags, der Weg dreht sich im Kreis, ungewöhnlicher Deal, mehrere Angebote

23 MÄUSE: Gestohlener Ring, Trennung, gestohlener Vertrag, schwierige Ehe, abnehmende Bindung, Kollektivvertrag, Ablehnung eines Angebots, chaotisches Angebot

24 HERZ: Herzensverpflichtung, liebevolle Verbindung, besondere Bindung, Beziehungsvertrag, Liebesverbindung, großzügiges Angebot, Flirt mit der Verpflichtung, von ganzem Herzen versprechen, liebende Ehe

26 BUCH: Geheimes Abkommen, Bildungsangebot, geheimes Geschäft, geheimnisvolle Verbindung, Buchvertrag, Verlagsvertrag, Buchvorschlag, geheimes Versprechen, Buchwidmung, unbekannte Verbindung, Forschungsvorschlag

27 BRIEF: Schriftliche Vereinbarung, geschriebener Vertrag, Heiratsurkunde, schriftliches Versprechen, gemailter Vertrag, Gelübde schreiben, Vorschlag schreiben, Zeitungsauflage, schriftliche Vereinbarung

28 HERR: Engagierter Mann, Ehemann, verheirateter Mann, vergebener Mann, ehrenhafter Mann, Partner, verbundener Mann, engagierter Mann

29 DAME: Engagierte Frau, Ehefrau, verheiratete Frau, hingebungsvolle Frau, vergebene Frau, Partnerin, verbundene Frau, engagierte Dame

30 LILIEN: Langfristige Vereinbarung, alte Vereinbarung, diskrete Vereinbarung, altes Versprechen, lange Verpflichtung, Ruhestandsvereinbarung, alter Vertrag, private Abmachung

31 SONNE: Erfolgreiche Ehe, glänzender Goldring, glückliche Verbindung, goldene Handschellen, erfolgreiches Geschäft, glücklich verheiratet, erfolgreicher Vertrag, gutes Angebot, Erneuerung von Gelübde, glücklich bis ans Lebensende, lohnendes Geschäft

32 MOND: Emotionale Bindung, emotionale Verpflichtung, intuitive Verbindung, Vollmondkreis, Bindungszauber, Hexenzirkel, kreatives Angebot, psychischer Kreis, Vollmond

33 SCHLÜSSEL: Wichtige Vereinbarung, offene Vereinbarung, Ausweg aus einem Vertrag, offene Ehe, edles Versprechen, Schwur, wichtiger Deal, karmische/seelische Verbindung, Zugang zum inneren Kreis, Ausweg aus der Ehe

34 FISCHE: Geschäftsvereinbarung, Ehevertrag, Geschäftsvorschlag, finanzielle Partnerschaft, erfolgreiches Geschäft, finanzielle Vereinbarung, Austausch eines Rings, zirkulierendes Wasser, Investitionsvorschlag

35 ANKER: Sichere Vereinbarung, ernsthafte Verpflichtung, fester Vertrag, dauerhafte Ehe, solides Geschäft, Routinevertrag, langfristige Vereinbarung

36 KREUZ: Durch ein Versprechen verpflichtet, bindender Vertrag, Gebetskreis, durch ein Versprechen belastet, kritische Vereinbarung, heiliges Gelübde, Bedauern über eine Verpflichtung, schwieriger Vertrag

*Ein Ring, sie alle zu beherrschen, ein Ring, sie zu finden,*
*Ein Ring, sie alle zu bringen, und in der Dunkelheit zu binden.*
*– J. R. R. Tolkien, Der Herr der Ringe*

# 26 Buch

## SCHLÜSSELWORTE

Geheimnisse, Buch, Informationen, Wissen, Weisheit, Manuskript, Fakten, Journal, Tagebuch, unbekannt, Expert:in, Geschichte, Bildung, Studien, Erinnerungen, Forschung, Lernen, Lektion, Ausbildung

## BEDEUTUNG

Das Hauptthema des *Buches* sind Geheimnisse. Das *Buch* hebt alles hervor, was mit formaler Bildung zu tun hat, Informationen, Studien, Forschung, Wissen und akademisches Lernen.

### Lenormand-Buch-Kombinationen

1 REITER: Eingehende Informationen, Ankunft unbekannt, schnelle Informationen erhalten, Reiten, Besucherinformationen, aktives Lernen, Student:in, Erstausgabe Buch

2 KLEE: Comicbuch, Glücksinformation, kurze Geschichte, Glücksspielexpert:in, flüchtige Erinnerung, Glückswissen

3 SCHIFF: Fernstudium, Erkundung, Reise ins Unbekannte, Auslandsstudium, Reisebuch, unbekanntes Ziel, Reiseexpert:in, Reisetagebuch, Logbuch des Schiffes

4 HAUS: Immobilienexpert:in, Familiengeheimnisse, Hausaufgaben, Familiengeschichte, Sammelalbum, Familienalbum, Hausbibliothek, Insiderinformationen, Hausunterricht, das Haus hat ein Geheimnis, Familienerinnerungen

5 BAUM: Medizinische Zeitschrift, Gesundheitsinformationen, wachsendes Wissen, medizinisches Geheimnis, spirituelles Wissen, Weisheit, Ahnenerinnerungen, Lebenslektion, Gesundheitsgeschichte

6 WOLKEN: Verwirrung, geheimnisumwittert, versteckte Geheimnisse, Unwissenheit, vage Erinnerungen, versteckte Informationen, Psycholog:in, verworrene Logik, Missverstehen von Informationen

7 SCHLANGE: Lügen, Verrat eines Geheimnisses, Wunsch nach mehr Informationen, transformative Informationen, komplizierte Geschichte

8 SARG: Ein Geheimnis bewahren, Abbruch, Ausgang unbekannt, Leichen im Keller, vergrabene Geheimnisse, Trauerexpert:in, geschlossenes Buch, Ende

9 BLUMEN: Schönheitsexpert:in, überraschende Informationen, Schönheitsgeheimnisse, blühendes Wissen, Dankbarkeitstagebuch, Geschenk des Wissens, schöne Erinnerung, Kunstunterricht, Designschule

10 SENSE: Gefährliche Information, verletzendes Geheimnis, plötzliche Information, Abbruch, beschleunigter Unterricht, Informationen sammeln

11 RUTE: Hinterfragende Informationen, sexuelle Geschichte, erotischer Roman, Schwierigkeiten, eine Geheimhaltung

12 VÖGEL: Vortrag, Hörbuch, Geheimnisse erzählen, Tratschen über Geheimnisse, kleine Lektionen, ein Gespräch über Erziehung, Liederbuch, kleines Training, nervös wegen eines Geheimnisses, Erinnerung an ein Gespräch

13 KIND: Neues Buch, Grundschule, Kindheitserinnerungen, Kindheit, kleines Geheimnis, verletzliche Information, Grundschüler:innen, neue Information, Erzieher:innen, Kinderbuch

14 FUCHS: Verdächtige Information, Einarbeitung am Arbeitsplatz, Fehlinformation, Arbeitsgeheimnis, falsche Informationen, Arbeitsbuch, irreführende Informationen, Lebenslauf

15 BÄR: Großes Geheimnis, Diätforschung, Lebensmitteltagebuch, ein Kochbuch, mächtige Information, starke:r Lerner:in, große Lektion, Gewichtstraining

16 STERNE: Bestseller, Online-Kurse, preisgekröntes Buch, E-Book, positive Erinnerungen, Hochschulbildung, Social-Media-Expert:in, Abendschule, Online-Recherche, unschätzbare Lektion, Online-Training, Astrologie-Buch, Science-Fiction-Roman

17 STORCH: Wegziehen für die Schule, Schulwechsel, wechselnde Ergebnisse, Austauschschüler:in, Kurswechsel, Geburtsvorbereitungs-Kurse, Klassenwechsel, Rückkehr zur Schule

18 HUND: Geheimnis in der Freundschaft, verlässliche Recherche, Geheimnisse hüten, verlässliche Informationen, Forschung über Hunderassen, Suche nach Informationen, Klassenkamerad:in, Ratgeber, zuverlässige Ausbildung, Polizeischule, militärische Ausbildung

19 TURM: Formale Bildung, Regelwerk, Rechtsexperte, alte Geschichte, etablierte Bildung, Vorgeschichte, Betriebsgeheimnisse, Gesetzesbücher, Jurastudium, eigene Informationen, formale Ausbildung, vergangene Erinnerungen, Geschichtsbuch

20 PARK: Öffentlicher Unterricht, öffentliche Bibliothek, öffentliches Wissen, Gruppenlernen, öffentliche Informationen, allgemeines Wissen, gemeinsames Geheimnis, gesunder Menschenverstand, Gartenarbeit, Gruppenschulung

21 BERG: Fernstudium, aufgeschobene Studien und Kurse, hartes Training, Kletterexpert:in, eingeschränkte Informationen, verzögerte Forschung, verzögertes Manuskript, Hindernisse unbekannt, unterbrochene Ausbildung, Fernstudium, harte Lektion

22 WEGE: Mehrere Abschlüsse, viele Geheimnisse, Kurswahl, ungewöhnliches Buch, viele Bücher, Doppelstudium, Wahl der Schulen, alternative Ausbildung, der Weg ist unbekannt, viele Lektionen gelernt

23 MÄUSE: Gestresst wegen der Schule, schmutziges Geheimnis, besorgt über Geheimnisse, viele Erinnerungen, viele Bücher, ausgebrannt vom Lernen, Informationen zerstören, teures Geheimnis, kollektives Wissen, schädliche Informationen, stressige Ausbildung

24 HERZ: Liebesroman, Beziehungsgeschichte, intimes Geheimnis, liebevolle Erinnerungen, Beziehungsexpert:in, Beziehungsgeheimnis, Liebe zum Lernen

25 RING: Verschwiegenheitspflicht, Weiterbildung, Ehegeheimnis, Vertragsinformationen, Eheexpert:in, ständige Weiterbildung, vielseitiges Wissen

27 BRIEF: Diplom, Schriftsteller:in, Universitätsbewerbung, Tagebuchschreiben, Diplomarbeit, Dissertation, Abschrift, Abschluss, Zeugnis, Nachricht mit Geheimnissen, ein Buch schreiben

28 HERR: Geheimnisvoller Mann, gebildeter Mann, mysteriöser Mann, unbekannter Mann, intelligenter Mann, Autor, Akademiker, männlicher Student, männlicher Lehrer, Professor

29 DAME: Geheimnisvolle Frau, gebildete Frau, mysteriöse Frau, unbekannte Frau, Frau, intelligente Frau, Autorin, Akademikerin, Studentin, Lehrerin, Professorin

30 LILIEN: Private Information, alte Lektion, „alte Schule", altes Buch, Weisheit, lebenslanges Lernen, Privatschule, reife:r Student:in, Geschichtsbuch, Lebenserfahrung, altes Geheimnis, in Erinnerungen schwelgen

31 SONNE: Ganztagesschule, erhellendes Wissen, wahre Geschichte, tägliche Information, bewusstes Wissen, gute Erinnerungen, gutes Geheimnis, wahrheitsgemäße Information, erfolgreiche:r Schüler:in, Sommerschule, erfolgreiche Ausbildung, gute Lektion, gutes Buch

32 MOND: Abendschule, okkulte Studien, Kunstschule, psychologische Studien, paranormaler Roman, Fantasy-Roman, Traumtagebuch, Gefühle sind unbekannt, emotionale Intelligenz, psychische Ausbildung

33 SCHLÜSSEL: Bedeutende Informationen, beachtenswertes Manuskript, offenes Buch, angesehene Schule, gefeiertes Buch, Geheimnisse enthüllen, wichtiges Wissen, karmisches Wissen, Schlüsselinformation, wichtige Ausbildung

34 FISCHE: Geschäftsgeheimnis, Stipendium, Finanzgeheimnisse, Tantiemen, Finanzwissen, Bankbuch, Finanzinformationen, Finanzexperte, Business School, Business Informationen, Wirtschaftsguru, Finanzgeschichte, Finanzlektion

35 ANKER: Schwere Geheimnisse, Meeresexperte, solide Informationen, solide Ausbildung, stabiles Wissen, konsistente Informationen, solide Geschichte, Routineausbildung

36 KREUZ: Von Geheimnissen belastet, Tests, Prüfungen, Bedauern, Geheimnisse zu haben, religiöse Bücher, katholische Schule, beschämendes Geheimnis, ausgebrannt vom Lernen, enttäuschende Informationen, schmerzhafte Erinnerungen, schwierige Erziehung, Andachtsbuch, schwierige Lektion

*Alles, was ich bin, und alles, was ich je sein werde,*
*verdanke ich Büchern.*
*– Gary Paulsen*

# 27 Brief

**SCHLÜSSELWORTE**

Brief, etwas Geschriebenes, Emails, Texte, Kommunikation, Zeitplan, Karten, Post, Zertifikat, Notizen, Schreiber:in, Ergebnisse, Dokumente, Dateien, Papiere, Nachrichten, Zeitung, Werbung, Poster, Broschüren, Blog, Listen, Versenden, eine Rezension, ein Beitrag

**BEDEUTUNG**

Der *Brief* ist eine Karte, bei der sich alles um Kommunikation und das geschriebene Wort dreht. Die aktualisierte Bedeutung umfasst ebenfalls jede elektronische Kommunikation wie Texte, Emails und Posts.

## Lenormand-Brief-Kombinationen

1 REITER: Eingehende Textnachricht, Sendung, Newsletter, zugestellte Nachricht, Zeitung, schnelle Nachricht, News-Feed-Geschichte, schnelle Ergebnisse

2 KLEE: Lotterielos, kurze Nachricht, fröhliche Notiz, Kartenspiel, Bucket Liste, spannende E-Mail, schneller Text, Wettschein, Komödie, informelle Ergebnisse

3 SCHIFF: Ausländisches Dokument, Reisekarte, Führerschein, Reisepost, Reisepass, Reisedokumente, Bordkarte, Reisevisum, Luftpost, Reisebericht, ausländische Korrespondenz, Reiseplan, Reiseblog, Karte

4 HAUS: Immobiliendokumente, Besitzurkunde, Immobilienverzeichnis, Familiendokumente, Familien-Newsletter, Immobilienbroschüre, Homepage, Hypothekenpapiere, Immobilien-Blog

5 BAUM: Rezept, Krankenakte, spirituelle Botschaft, medizinische Überweisung, medizinische Akte, DNA-Ergebnisse, spiritueller Blog, medizinische Ergebnisse, medizinische Dokumente, Gesundheitsdokumente, Blog über Gesundheit und Wohlbefinden

6 WOLKEN: Vage Botschaften, verwirrende Texte, versteckte Botschaften, deprimierender Brief, traurige Texte, verwirrende Post, beunruhigende Nachricht, enttäuschende Ergebnisse, Cloud-Dokumente, verwirrende Kommunikation

7 SCHLANGE: Neidische Nachricht, verführerische Texte, eifersüchtige Texte, trügerische Nachrichten, komplizierte Nachricht, giftige Kommunikation, Probleme mit E-Mails, betrügerische SMS

8 SARG: Gelöschte Nachrichten, schlechte Nachricht, Abschiedsbrief, letzte Nachricht, negative E-Mail, letzter Entwurf, Beendigung der Kommunikation

9 BLUMEN: Einladung, angenehme E-Mail, wunderbare Bewertung, Überreichung eines Briefes, Geschenkeliste, Dankeskarte, schöne Nachricht, Kunst des Briefeschreibens, Gästeliste, erstaunliche Ergebnisse

10 SENSE: Kommunikationsabbruch, Impfpass, riskante Kommunikation, unverblümte Botschaft, riskante Post, Trennung, Papiere, unerwartete Nachricht

11 RUTE: Wütende Nachricht, unschlüssige Ergebnisse, beleidigende Texte, Spam-E-Mail, wütende Kritik, erotische Briefe, Hin-und-Her Nachrichten

12 VÖGEL: Voicemail, Flugticket, Tweet, Gespräch, Klatschspalte, Songwriting, Musikblog, Flugroute

13 KIND: Kurznachricht, unreifer Text, neuer Beitrag, verspielte Texte, neue Nachricht, Spielkarten, unerfahrene:r Schreiber:in, Unterschätzen einer Nachricht

14 FUCHS: Unglaubwürdige Ergebnisse, Arbeitskommunikation, irreführender Lebenslauf, Spam, Arbeits-E-Mail, falsch gesendeter Text, gefälschte Rezension, Arbeits-Newsletter, verdächtige Texte, Arbeitsplan, manipulierte Ergebnisse, gefälschte Post

15 BÄR: Starke E-Mail, kraftvolle Botschaft, Rezept, Einkaufsliste, Lebensmittelflyer, erzwungene Kommunikation, aggressive Nachricht, Lebensmitteltagebuch, Restaurantkritik, Lebensmittel-Blog

16 STERNE: Hoffnungsvolle Botschaft, positives Ergebnis, inspirierender Blog, Fanpage, positive Bewertung, digitale Fotos, Vision Board, inspirierende Botschaft, klare Botschaft, inspirierender Beitrag, Horoskop, Fanpost, motivierende Botschaft

17 STORCH: Wechselnde Ergebnisse, Geburtsurkunde, weitergeleitete Nachricht, Geburtstagskarte, Terminänderung, lange Nachricht, Schwangerschaftsergebnisse, saisonaler Newsletter, Terminverschiebung, Rücksendung an den Absender, Frühjahrstermin

18 HUND: Zuverlässige Kommunikation, Vertrauen in die Ergebnisse, Hundeblog, freundliche Nachricht, hilfreiche E-Mail, auf der Seite einer:s Freund:in, hilfreiche Bewertung, Treuekarte, unterstützende Nachrichten, freundlicher Text

19 TURM: Rechtliche Dokumente, offizielles Dokument, offizielle Überprüfung, Erstellung einer Mitteilung, offizielles Schreiben, rechtlicher Hinweis, formelles Schreiben, Stimmzettel (Karte), Einschreiben

20 PARK: Öffentliche Mitteilung, öffentliche Bekanntmachung, Gruppentext, öffentliche Dokumente, Post, öffentlicher Zeitplan, Gruppen-E-Mail, öffentliche Überprüfung, Sitzungsprotokoll, Gruppennachricht, Gruppenzeitplan, Tagesordnung, Gartenbau-Blog

21 BERG: Verspätete Nachricht, harte Überprüfung, blockierte Beiträge, grober Text, Zolldokumente, blockierte Nachrichten, blockierte E-Mails, zermürbender Zeitplan

22 WEGE: Mehrere Nachrichten, viele Dokumente, viele Dateien, ungewöhnliche Kommunikation, mehrere Beiträge, Pro- und Contra-Liste, zahlreiche E-Mails, mehrere Texte, eine schriftliche Entscheidung, Trennungsdokumente

23 MÄUSE: Beschädigte Dateien, weniger Nachrichten, stressige Kommunikation, Phishing Mails, beunruhigende Texte, E-Mail, Plagiat

24 HERZ: Liebesbrief, leidenschaftliche Nachricht, herzlicher Text, süße Nachricht, schöne Rezension, Valentinskarte, liebevolle Ergebnisse, romantischer Text, Beziehungsblog, herzliche Nachricht, leidenschaftlicher Brief

25 RING: Beweiskräftige Ergebnisse, Heiratsurkunde, verbindliches Dokument, Rundmail, Kettenbrief, Angebotsschreiben, Ehe-Blog

26 BUCH: Zeugnis, Schulnachricht, Diplom, veröffentlichte Arbeit, Buchbesprechung, mysteriöse Nachricht, informative E-Mail, Bildungsdokumente, Forschungsarbeit, Forschungsdokumente, geheime Abstimmung, geheime Nachricht, Buchsignierung

28 HERR: Ausdrucksstarker Mann, Blogger, Schriftsteller, Nachricht von einem Mann, gefasster Mann, wortgewandter Mann, kommunikativer Mann, nachdenklicher Mann, sentimentaler Mann

29 DAME: Ausdrucksstarke Frau, Bloggerin, Schriftstellerin, Nachricht von einer Frau, gefasste Dame, wortgewandte Dame, kommunikative Frau, nachdenkliche Frau, gefühlvolle Frau

30 LILIEN: Alte Nachrichten, antike Papiere, privater Blog, kalter Text, private Nachricht, private Post, Ruhestands-Blog, alter Rückblick, Winterplan

31 SONNE: Gute Ergebnisse, Sonnenscheinbrief, jährlicher Newsletter, täglicher Blog, warme Nachricht, Sommerzeitplan, guter Rückblick, warme Nachricht, glückliche E-Mail, erfolgreicher Blog, gute Nachricht, Gewinnkarte, gute Kommunikation

32 MOND: Tarotkarten, Orakelkarten, Lenormandkarten, emotionale Botschaft, kreativer Blog, intuitive Botschaft, Ergebnisse manifestieren, paranormale:r Autor:in, Fantasy Schriftsteller:in, automatisches Schreiben

33 SCHLÜSSEL: Wichtiges Dokument, offene Kommunikation, wichtige Botschaft, offenes Ticket, Schlüsselkarte, aufschlussreiche Botschaft, wichtige E-Mail, geschätzte:r Autor:in, wichtige Nachricht

34 FISCHE: Geschäftsbrief, Kontoauszug, Phishing-E-Mail, Geld, Schecks, Geschäftsunterlagen, Rechnung, Schuldschein, Geschäftsbericht, Geschäftsdokumente, Gehaltsabrechnung, Geschäftslizenz, Kreditkarte, Kontoauszüge, Geldblog

35 ANKER: Gespeicherte Nachrichten oder Briefe, sichere Kommunikation, ernste Nachricht, Routinepost, Standard-E-Mail, Routine-E-Mail, regelmäßiger Zeitplan, Festhalten an einem Brief

36 KREUZ: Schwierige Ergebnisse, To-Do-Liste, kritische Nachricht, Bedauern über eine gesendete Nachricht, religiöses Pamphlet, enttäuschende Nachricht, schwieriger Zeitplan, lästige E-Mails, Testergebnisse, religiöser Blog

*Mehr als Küsse vermischen Briefe die Seelen.*
*– John Donne*

BITTE BEACHTE: Als Nächstes wirst du die Karten Herr und Dame kennenlernen. Diese beiden gehören zu einem sehr alten System aus längst vergangenen Tagen. Vor den Tagen der Freiheit, sich so auszudrücken, wie man will, zu leben, wie man will, und zu lieben, wen du lieben willst. Es steht dir frei, die Bedeutungen dieser Karten anzupassen, so wie es sich für dich richtig anfühlt. Auch wenn du dich entscheidest, ein Einhorn zu sein!

# 28 Herr

**SCHLÜSSELWORTE**

Der Fragesteller, ein Mann, der dem Fragesteller bekannt ist, männlicher Lebensgefährte, Mann, Gentleman, männlicher Signifikant, männliches Familienmitglied, Ehemann, Partner, Freund, Jedermann, männliche Energie, männlicher Einfluss, Junge

**BEDEUTUNG**

Wenn die Karte *Herr* in dein Leben tritt, repräsentiert sie eine tatsächliche Person. Wenn der Fragesteller männlich ist, repräsentiert sie ihn; wenn es eine weibliche Fragestellerin ist, repräsentiert sie einen wichtigen Mann oder einen bekannten Mann in ihrem Leben.

## Lenormand-Herr-Kombinationen

1 REITER: Auffälliger Mann, männlicher Besucher oder Anrufer, Mann kommt an, der andere Mann, Nachrichten über einen Mann, männlicher Verehrer, attraktiver junger Mann

2 KLEE: Der Spieler, der Glückspilz, der Risikofreudige, der lässige Mann, der fröhliche Mann, glücklicher Mann, unbeschwerter Mann, lustiger Mann, aufregender Mann

3 SCHIFF: Fremder Mann, männlicher Reisender, weltgewandter Mann, Schiffskapitän, Jetsetter, Mann, der im Bereich Reisen und Tourismus arbeitet

4 HAUS: Familienvater, männliches Familienmitglied, männlicher Verwandter, Mann mit starken familiären Werten, Gutsherr, Hausbesitzer, Heimkehrer, Handwerker

5 BAUM: Schamane, geduldiger Mann, spiritueller Mann, gesunder Mann, männlicher Vorfahre, Arzt, Medizinmann, männliche Abstammung, natürlicher Mann, männlicher Mann

6 WOLKEN: Verwirrter Mann, trauriger Mann, launischer Mann, beunruhigter Mann, depressiver Mann, labiler Mann, zwielichtiger Mann, schwieriger Mann

7 SCHLANGE: Verführerischer Mann, unehrlicher Mann, männlicher Feind, eifersüchtiger Mann, charmanter Mann, trügerischer Mann, gemeiner Mann, Prinz Charming

8 SARG: Negativer Mann, trauernder Mann, Witwer, unglücklicher Mann, schlechter Mann, verschlossener Mann, stiller Mann

9 BLUMEN: Geselliger Mann, hübscher Mann, eingebildeter Mann, reizender Mann, wunderbarer Mann, rücksichtsvoller Mann, künstlerischer Mann, auffälliger Mann, dankbarer Mann, süßer Mann, angenehmer Mann, poetischer Mann, höflicher Mann

10 SENSE: Impulsiver Mann, verletzender Mann, ein Ex, rücksichtsloser Mann, gefährlicher Mann, entschlossener Mann, einen Mann loswerden, die Verbindung zu einem Mann abbrechen, geschiedener Mann

11 RUTE: Aggressiver Mann, streitlustiger Mann, dominanter Mann, Gewohnheitsmensch, aktiver Mann, sexy Mann, wettbewerbsorientierter Mann, Personal Trainer

12 VÖGEL: Gesprächiger Mann, nervöser Mann, ruheloser Mann, stimmgewaltiger Mann, neugieriger Mann, männlicher Sänger, männlicher Musiker, Pilot, Flugbegleiter, tratschender Mann, Bruder, ängstlicher Mann, zwei Männer

13 KIND: Junger Mann, verletzlicher Mann, unreifer Mann, neuer Mann, kleiner Mann, unschuldiger Mann, naiver Mann, Mann-Kind, schmächtiger Mann, ein Junge

14 FUCHS: Gerissener Mann, schlauer Mann, rothaariger Mann, unehrlicher Mann, manipulativer Mann, oberflächlicher Mann, schuldiger Mann, männlicher Kollege, männlicher Angestellter, arbeitender Mann

15 BÄR: Mächtiger Mann, dominanter Mann, energischer Mann, beleibter Mann, bärtiger Mann, Boss, überheblicher Mann, muskulöser Mann, großer Mann, starker Mann

16 STERNE: Berühmter Mann, männlicher Einflussnehmer, inspirierender Mann, hoffnungsvoller Mann, positiver Mann, zielorientierter Mann, Träumer, Visionär, optimistischer Mann, gutmütiger Mann, Mann deiner Träume, philosophischer Mann

17 STORCH: Ein Mann kehrt zurück, großer Mann, Mann im Übergang, entwickelter Mann, anspruchsvoller Mann, monogamer Mann, ruhiger Mann, fürsorglicher Mann, anmutiger Mann, fortschrittlicher Mann, ruheloser Mann

18 HUND: Treuer Mann, unterwürfiger Mann, freundlicher Mann, hilfsbereiter Mann, loyaler Mann, zuverlässiger Mann, vertrauenswürdiger Mann, vertrauter Mann, männlicher Freund, unterstützender Mann, Polizist

19 TURM: Ehrgeiziger Mann, traditioneller Mann, Mann aus der Vergangenheit, egoistischer Mann, arroganter Mann, einsamer Mann, stolzer Mann, imposanter Mann, formeller Mann, etablierter Mann, kontrollierender Mann

20 PARK: Ein Spieler, männliche Person des öffentlichen Lebens, beliebter Mann, alleinstehender Mann, Playboy, kultivierter Mann, Junge vom Lande, Boy's Club, ungebundener Mann, Männer im Allgemeinen, Gruppe von Männern

21 BERG: Sturer Mann, harter Mann, distanzierter Mann, gleichgültiger Mann, feindseliger Mann, rauer Mann, herausfordernder Mann, Bergmann, nicht verfügbarer Mann, schwer erreichbarer Mann

22 WEGE: Unentschlossener Mann, getrennter Mann, fremder Mann, mehrere Männer, ungewöhnlicher Mann, unentschlossener Mann, alternativer Mann, Mann auf der Straße

23 MÄUSE: Besorgter Mann, schmutziger Mann, minderwertiger Mann, beschädigter Mann, korrupter Mann, gestresster Mann, opportunistischer Mann, auslaugender Mann, ruinierter Mann, besessener Mann

24 HERZ: Männlicher Liebhaber, leidenschaftlicher Mann, großzügiger Mann, großherziger Mann, Gentleman, rücksichtsvoller Mann, mitfühlender Mann, Philanthrop

25 RING: Engagierter Mann, Ehemann, verheirateter Mann, vergebener Mann, ehrenhafter Mann, Partner, verbundener Mann

26 BUCH: Geheimnisvoller Mann, gebildeter Mann, mysteriöser Mann, unbekannter Mann, intelligenter Mann, Autor, Akademiker, männlicher Student, männlicher Lehrer, Professor

27 BRIEF: Ausdrucksstarker Mann, Blogger, Schriftsteller, Nachricht von einem Mann, komponierter Mann, wortgewandter Mann, kommunikativer Mann, nachdenklicher Mann, sentimentaler Mann

29 DAME: *Siehe Karte Dame für Kombinationen; wenn die Karte Dame auftaucht, handelt es sich buchstäblich um eine Frau

30 LILIEN: Vater, Vaterfigur, Großvater, älterer Mann, erfahrener Mann, weiser Mann, „Silberfuchs", Privatmann, Rentner, ruhiger Mann, reifer Mann, Mann im Ruhestand, kalter Mann, diskreter Mann

31 SONNE: Maskulin, erfolgreicher Mann, warmer Mann, energischer Mann, optimistischer Mann, mutiger Mann, guter Mann, selbstbewusster Mann, wahrheitsliebender Mann, männliche Energie

32 MOND: Kreativer Mann, emotionaler Mann, intuitiver Mann, talentierter Mann, unwiderstehlicher Mann, fantasievoller Mann, sensibler Mann, männliche Hexe, geschickter Mann, Mann im Mond

33 SCHLÜSSEL: Freier Mann, wichtiger Mann, Seelenverwandter, angesehener Mann, bedeutender Mann, offener Mann, einflussreicher Mann, edler Mann, wichtiger Mann, ehrenwerter Mann, anspruchsvoller Mann, Edelmann, würdiger Mann

34 FISCHE: Materialistischer Mann, Geschäftsmann, Unternehmer, Geldmann, wohlhabender Mann, unabhängiger Mann, Investor, einfallsreicher Mann

35 ANKER: Stabiler Mann, sesshafter Mann, ernsthafter Mann, beharrlicher Mann, sicherer Mann, geerdeter Mann, solider Mann, festgefahrener Mann

36 KREUZ: Religiöser Mann, unglücklicher Mann, besiegter Mann, geplagter Mann, bedürftiger Mann, schmerzhafter Mann, verpflichteter Mann, leidender Mann, belasteter Mann, reumütiger Mann, schwieriger Mann, enttäuschender Mann, Mann in der Krise, erschöpfter Mann, männlicher Geist

*Du musst erst ein Mann sein,*
*bevor du ein Gentleman sein kannst.*
*– John Wayne*

# 29 Dame

## SCHLÜSSELWORTE

Die Fragestellerin, eine Frau, die der Fragestellerin bekannt ist, eine Frau, weibliche Lebensgefährtin, Dame, ein weiblicher Signifikant, ein weibliches Familienmitglied, Ehefrau, Verlobte, Partnerin, Freundin, alle Frauen, weibliche Energie, weiblicher Einfluss, Mädchen

## BEDEUTUNG

Wenn die Karte *Dame* in dein Leben tritt, repräsentiert sie eine tatsächliche Person. Wenn es sich um eine weibliche Fragestellerin handelt, repräsentiert sie sie; wenn der Fragesteller männlich ist, steht sie für eine wichtige Frau oder eine bekannte Frau in seinem Leben.

### Lenormand-Dame-Kombinationen

1 REITER: Kreative Dame, weibliche Besucherin oder Anruferin, Frau kommt an, Nachrichten über eine Dame, Verehrerin, attraktive junge Dame

2 KLEE: Glücksgöttin, spielende Frau, risikofreudig, lässige Frau, unbekümmerte Frau, unbeschwerte Frau, lustige Frau, aufregende Frau

3 SCHIFF: Fremde Frau, reisende Frau, internationale Frau, Schiffskapitänin, Jetsetterin, Bohème, Frau, die im Bereich Reisen und Tourismus arbeitet

4 HAUS: Ernährerin, Dame des Hauses, weibliches Familienmitglied, Haushälterin, Vermieterin, weibliche Verwandte, Frau mit starken Familienwerten, Gutsherrin, Hausbesitzerin

5 BAUM: Heilerin, geduldige Frau, spirituelle Frau, gesunde Frau, weibliche Vorfahrin, Ärztin, Medizinfrau, weibliche Linie, natürliche Frau, fruchtbare Frau

6 WOLKEN: Verwirrte Frau, traurige Frau, launische Frau, besorgte Frau, depressive Frau, instabile Frau, zwielichtige Frau, rebellische Frau, Frau voller Zweifel

7 SCHLANGE: Verführerische Frau, unehrliche Frau, weibliche Energie, eifersüchtige Frau, auffällige Frau, Feindin, gemeine Frau, Scharlatan, sinnliche Frau, die andere Frau, kurvige Frau

8 SARG: Negative Frau, trauernde Frau, Witwe, unglückliche Frau, schwierige Frau, verschlossene Frau, stille Frau, Frau mit Bürden

9 BLUMEN: Social Butterfly, schöne Frau, modische Frau, künstlerische Frau, eingebildete Frau, reizende Frau, wunderbare Dame, rücksichtsvolle Frau, schicke Frau, dankbare Frau, süße Frau, angenehme Frau, poetische Frau, höfliche Frau

10 SENSE: Impulsive Frau, verletzende Frau, eine Ex, gefährliche Frau, entschlossene Frau, sich von einer Frau trennen, die Bindung zu einer Frau, geschiedene Frau

11 RUTE: Aggressive Frau, streitsüchtige Frau, temperamentvolle Frau, Gewohnheitstier, kämpferische Frau, aktive Frau, sexy Frau, wettbewerbsfähige Frau, Personal Trainerin

12 VÖGEL: Klatschmaul, nervöse Frau, rastlose Frau, stimmgewaltige Frau, neugierige Sängerin, Musikerin, Pilotin, Flugbegleiterin, tratschende Frau, Schwester, ängstliche Frau, zwei Damen

13 KIND: Junge Frau, verletzliche Frau, unreife Frau, neue Frau, zierliche Frau, unschuldige Frau, kleine Frau, naive Frau, verspielte Frau, unerfahrene Frau, schüchterne Frau, Mädchen

**14 FUCHS:** Gerissene Frau, hinterhältige Frau, rothaarige Frau, Betrügerin, schlaue Frau, intrigante Frau, manipulative Frau, schuldige Frau, Mitarbeiterin, Angestellte, oberflächliche Frau, arbeitende Frau

**15 BÄR:** Mutter, Großmutter, Mutterfigur, furchteinflößende Frau, dominante Frau, aufdringliche Frau, Chefin, überhebliche Frau, große Frau, übergewichtige Frau, eine starke Frau

**16 STERNE:** Berühmte Frau, weibliche Einflussperson, inspirierende Frau, hoffnungsvolle Frau, positive Frau, zielorientierte Frau, Träumerin, Visionärin, optimistische Frau, gutmütige Frau, Traumfrau, erleuchtete Frau

**17 STORCH:** Frau kehrt zurück, große Frau, Frau im Übergang, weiterentwickelte Frau, anspruchsvolle Frau, monogame Frau, ruhige Frau, fürsorgliche Frau, anmutige Frau, fortschrittliche Frau, stilvolle Frau, rastlose Frau

**18 HUND:** Treue Frau, bekannte Frau, unterwürfige Frau, freundliche Frau, hilfsbereite Frau, verlässliche Frau, vertrauenswürdige Frau, vertraute Frau, weibliche Freundin, unterstützende Frau, Polizistin

**19 TURM:** Ehrgeizige Frau, traditionelle Frau, Frau aus der Vergangenheit, egoistische Frau, hochmütige Frau, einsame Frau, einschüchternde Frau, etablierte Frau, kontrollierende Frau

**20 PARK:** Femme fatale, weibliche Person des öffentlichen Lebens, Gesellschaftsdame, Partygirl, beliebte Frau, Landmädchen, alleinstehende Frau, Frauen im Allgemeinen, kultivierte Frau, Frauengruppe, ungebundene Frau

**21 BERG:** Sturköpfige Frau, desinteressierte Frau, strenge Frau, distanzierte Frau, nonchalante Frau, feindselige Frau, herausfordernde Frau, unerreichbare Frau

**22 WEGE:** Unentschlossene Frau, getrennte Frau, unbekannte Frau, mehrere Frauen, ungewöhnliche Frau, untreue Frau, ungebundene Frau, alternative Frau, Frau, die unterwegs ist

**23 MÄUSE:** Besorgte Frau, verwöhnte Frau, schwierige Frau, gestresste Frau, opportunistische Frau, auslaugende Frau, besessene Frau

24 HERZ: Liebhaberin, leidenschaftliche Frau, großzügige Frau, großherzige Frau, sanfte Frau, rücksichtsvolle Frau, zärtliche Frau, gütige Frau, mitfühlende Frau, Philanthropin

25 RING: Engagierte Frau, Ehefrau, verheiratete Frau, hingebungsvolle Frau, eine ehrenwerte Dame, eine Partnerin, verbundene Frau

26 BUCH: Verschwiegene Frau, gebildete Frau, geheimnisvolle Frau, unbekannte Frau, intelligente Frau, Autorin, Akademikerin, Studentin, Lehrerin, Professorin

27 BRIEF: Ausdrucksstarke Frau, Bloggerin, Schriftstellerin, Nachricht von einer Frau, gelassen Dame, wortgewandte Dame, kommunikative Frau, nachdenkliche Frau, sentimentale Frau

28 HERR: *Siehe Karte Herr für Kombinationen; wenn die Karte *Herr* auftaucht, ist es buchstäblich ein Mann

30 LILIEN: Ältere Dame, erfahrene Frau, weise Frau, private Frau, Rentnerin, friedliche Frau, ruhige Frau, reife Frau, Frau im Ruhestand, kalte Frau, diskrete Frau, silberhaarige Frau

31 SONNE: Erfolgreiche Frau, warme Frau, energische Frau, optimistische Frau, mutige Frau, gute Frau, selbstbewusste Frau, wahrheitsliebende Frau, weibliche Energie

32 MOND: Weibliche, kreative Frau, emotionale Frau, intuitive Frau, unwiderstehliche Frau, fantasievolle Frau, sensible Frau, weibliche Hexe, geschickte Frau

33 SCHLÜSSEL: Freie Frau, wichtige Frau, Seelenverwandte, unvergessliche Frau, bedeutende Frau, einflussreiche Dame, Schlüsselfrau, ehrenwerte Frau, kultivierte Frau, würdige Dame, angesehene Frau, Edelfrau

34 FISCHE: Materielles Mädchen, Geschäftsfrau, Unternehmerin, wohlhabende Dame, unabhängige Frau, Goldgräberin, Frau mit großem Geldbeutel, Investorin, einfallsreiche Frau

35 ANKER: Stabile Frau, sesshafte Frau, beharrliche Frau, sichere Frau, geerdete Frau, solide Frau, festgefahrene Frau

36 KREUZ: Fromme Frau, unglückliche Frau, reumütige Frau, geplagte Frau, belastete Frau, schwierige Frau, enttäuschende Frau, Frau in der Krise, erschöpfte Frau, weiblicher Geist

*Frauen, die versuchen, den Männern gleichgestellt zu sein, haben keinen Ehrgeiz.*
*– Marilyn Monroe*

# 30 Lilien

## SCHLÜSSELWORTE

Alt, reif, gealtert, ruhig, weise, diskret, Winter, zurückhaltend, Vater oder Großvater, Unterscheidungsvermögen, Ruhestand, erfahren, friedlich, Ruhe, dauerhaft ein Leben lang, privat, kalt, uralt

## BEDEUTUNG

Wenn die Karte *Lilien* ein Legesystem ziert, können die Bedeutungen flexibel und vielfältig sein. Die häufigste Art ist, die *Lilien* als Karte des Alters und der Reife zu lesen. Mit dem Alter kommt die Lebenserfahrung, und sie kann für die Lebenszeit einer Person stehen.

### Lenormand-Lilien-Kombinationen

1 REITER: Nachrichten sind beruhigend, Ankündigung des Ruhestands, reifer junger Mann, Nachrichten über einen älteren Mann, Besuch eines Senioren oder Seniorin, Ankunft des Friedens, aktive:r Senior:in

2 KLEE: Chance auf Frieden, Chance des Lebens, Halbpensionierung, spielende:r Senior:in, lustiger Senior, glücklicher Ruhestand, glückliches Leben, sorgloser Ruhestand, resistent gegen Glücksspiele, Chance auf Vorruhestand

3 SCHIFF: Reise nach Norden, Snowbird, reisende Senioren, Navigation im Alter, ausländische:r Senior:innen, Reise des Lebens

4 HAUS: Vater, Großvater, Immobilienerfahrung, familiäre Diskretion erforderlich, das Haus ist in die Jahre gekommen, ein:e Verwandte:r geht in den Ruhestand, ein Leben lang im selben Haus wohnen

5 BAUM: Lebenserfahrung, extrem langsam, geistig in Frieden, Langlebigkeit, lange Ruhezeit, gesunder Senior, Vorfahren, alt werden, den Olivenzweig reichen

6 WOLKEN: Alzheimer-Krankheit, senil, verwirrte:r Senior:in, Schneewolke, traurige:r Senior:in, deprimiert über das Älterwerden, launischer älterer Mann, unsicher über den Ruhestand, vager Ruhestandsplan

7 SCHLANGE: Ältere Frau, unehrliche ältere Frau, eifersüchtige ältere Frau, schwierige ältere Dame, komplizierter Ruhestand, Betrug mit einer älteren Frau

8 SARG: Ende einer Ära, Verlangsamung im Alter, nicht privat, Ende des Friedens, kranker älterer Mann, schlechte Erfahrung, Altersschwäche, keine Privatsphäre

9 BLUMEN: Schöner Senior, hübscher älterer Mann, Kunstkenner, genießt Ruhestand, wunderbare Lebenszeit, überraschende Ruhestandsfeier, reizender älterer Mensch

10 SENSE: Schwieriger älterer Mann, plötzlich alt werden, Ruhestörung, Verletzung der Privatsphäre eines älteren Menschen

11 RUTE: Sexuell erfahren, Streit mit einem älteren Mann, kritisch gegenüber alten Menschen, aktiver Senior

12 VÖGEL: Älteres Paar, sich eine Weile unterhalten, über den Ruhestand diskutieren, diskret tratschen, Gespräch unter vier Augen, älteres Geschwisterpaar, Klatsch und Tratsch wird alt

13 KIND: Enkelkind, neue Erfahrung, naiver älterer Mensch, kurzer Winter, beginnender Ruhestand, unschuldige:r Senior:in

14 FUCHS: Gerissener älterer Mensch, schlauer alter Mann, Privatleben, Ruhestand, Arbeit im selben Job bis zur Pensionierung, Arbeit mit Senioren

15 BÄR: Großmutter, Lebensmittelkenner, einfallsreiche ältere Person, starke ältere Frau, Chef geht in den Ruhestand, große Diskretion erforderlich

16 STERNE: Gesegnetes Leben, möchte sich zur Ruhe setzen, Online-Diskretion erforderlich, berühmter älterer Mann, inspirierende:r Ältere:r, Online-Privatsphäre, ewiger Frieden

17 STORCH: Ruhig fortschreitend, Wechsel der Jahreszeiten, Veränderungen dauern ein Leben lang, Veränderung bringt Frieden, fürsorglicher Vater, anmutig alternd, große:r Ältere:r

18 HUND: Betreutes Wohnen, zuverlässiger Vater, Unterstützung für Senior:innen, treuer älterer Mann, Freundschaft hält ein Leben lang, Spur verlief im Sand (Untersuchung), schützende:r Ältere:r

19 TURM: Offizieller Ruhestand, einsamer Mann, etablierte:r Senior, Zwangsruhestand, störrischer alter Mann, zurückgezogener Senior, arroganter alter Mann

20 PARK: Begegnung mit einem älteren Mann, Gruppe von Senior:innen, öffentlicher Ruhestand, Weltfrieden, öffentliche Diskretion, Club für Senioren, Veranstaltung für Senior:innen, Online-Gruppe für Senior:innen

21 BERG: Hindernis für den Ruhestand, Verzögerung des Ruhestands, eiskalt, Hindernis zum Frieden, strenger Winter, Hindernisse im Leben, Einschränkung

22 WEGE: Entscheidung dauert ein Leben lang, unentschlossener älterer Mensch, ungewohnter alter Mensch, Weg zum Frieden, getrenntes älteres Paar, Entscheidungen sind von Dauer, Planung des Ruhestands, andere Art von Ruhestand

23 MÄUSE: Alter, abnehmender Frieden, Auflösung der Privatsphäre, überfällig, schwieriger alter Mann

24 HERZ: Beziehungserfahrung, liebevolles älteres Paar, den Winter lieben, anhimmelnder Vater, vernarrter Großvater, erfülltes Leben, liebevoller Ruhestand, die Liebe hält ein Leben lang, Beziehung, Privatsphäre, Liebe zu einem älteren Mann

25 RING: Verpflichtung hält ein Leben lang, verheirateter älterer Mann, Gelübde hält ein Leben lang, kontinuierliche Gelassenheit, später im Leben verheiratet, engagierter älterer Mensch, anhaltender Frieden

26 BUCH: Großes Wissen, ein Leben lang gehütetes Geheimnis, extreme Privatsphäre, Diskretion, weise mit dem Alter, ein Wälzer, extreme Geheimhaltung, Expert:in, Weisheit kommt aus Lebenserfahrung

27 BRIEF: Nachricht eines älteren Mannes, private Kommunikation, Archiv, Kommunikation erlischt, Brief von einer:m Senior:in, Nachrichten sind alt

28 HERR: Vater, Vaterfigur, Großvater, älterer Mann, erfahrener Mann, weiser Mann, "Silberfuchs", Privatmann, Rentner, ruhiger Mann, reifer Mann, Mann im Ruhestand, kalter Mann, diskreter Mann

29 DAME: Ältere Dame, erfahrene Frau, weise Frau, private Frau, Rentnerin, friedliche Frau, ruhige Frau, reife Frau, kalte Frau, diskrete Frau, silberhaarige Frau

31 SONNE: Erfolg kommt später im Leben, glücklicher Ruhestand, gutes Alter, schmelzender Schnee, mutige:r Senior:in, Erfolg hält ein Leben lang an, wahrheitsliebender älterer Mann, glückliches Alter, ein Urlaub im Norden

32 MOND: Kreative:r Senior:in, emotionale:r Senior:in, sich alt fühlen, intuitive:r Senior:in, Meditation, Gelassenheit, Schamane, Krone, emotional reif

33 SCHLÜSSEL: Freiheit im Alter, wichtiger älterer Mensch, Frieden finden, Weisheit freilegen, zielgerichtetes Leben, bestimmtes altes Paar, einflussreicher älterer Mann, angesehener alter Mann, von bedeutendem Alter

34 FISCHE: Erbe, Sugar Daddy, finanziell erfahren, Budget, „goldener Händedruck", finanzielle Diskretion erforderlich, Geschäft über Generationen weitergegeben, Antiquitätenhandel, Geschäftsberatung, Geschäftsmentor:in

35 ANKER: Unverändert, dauerhafter Frieden, sich niederlassen, Ruhe, Stabilität, sicher und privat, sich in den Ruhestand begeben

36 KREUZ: Vom Alter belastet, alternd, schwieriger alter Mensch, abhängig von anderen, hasst die Kälte, verpflichtet zur Privatsphäre, abhängige:r Senior:in, reumütige:r Senior:in, die Verpflichtung dauert ein Leben lang, vom Alter enttäuscht

*Die Zeit ist eifersüchtig auf dich*
*und kämpft gegen deine Lilien und Rosen.*
*– Oscar Wilde*

# 31 Sonne

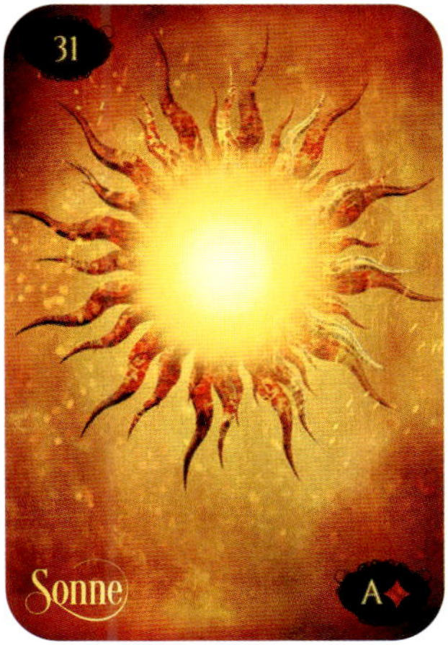


## SCHLÜSSELWORTE

Energie, Wahrheit, Vitalität, Erfolg, Erneuerung, Errungenschaft, positives Ergebnis, warm, Glücklichsein, Zuversicht, Optimismus, Sommer, Licht, Sieg, Freude, Energie, Tag, Gedeihen, Bewusstheit, Golden, Süden, heiß, Mut, Erleuchtung, Ausstrahlung, Urlaub, gut

## BEDEUTUNG

Die *Sonne* steht für die Gegenwart und bringt Strahlen der Wärme und große Freude. Die *Sonne* ist eine sehr positive Karte, die nur gute Dinge ankündigt, und hat eine positive Wirkung auf alle umliegenden Karten. Die Sonne kann auch für einen Urlaub an einem warmen Ort stehen, für ein bisschen Spaß in der Sonne.

### Lenormand-Sonne-Kombinationen

1 REITER: Sieg verkünden, die Ankunft des Sommers, verkündet die Wahrheit, rasche Genesung, Besuch ist optimistisch, Nachrichten sind freudig, Ankunft der Erleuchtung, eine jugendliche Energie

2 KLEE: Großes Glück, Spaß in der Sonne, die Glücksgöttin scheint, glücklicher Ausgang, Topf mit Gold, glückliche Tage, kurz, Erleuchtung, Chance für Erfolg, Glück, Fröhlichkeit, Spaß, Urlaub, Kurzurlaub, Glückstag

3 SCHIFF: Reise ins Warme, Urlaub, Entdeckung der Wahrheit, Reisen am Tag des Tages, eine Reise in den Süden, die Wahrheit erforschen, Bewusstsein erforschen, auf Wiedersehen, Sommer

4 HAUS: Familienerfolg, Hauseinweihung, Familiensieg, Familientag, häusliche Glückseligkeit, Immobilienerfolg, elektrisches System des Hauses, Familienwahrheit, Hausenergie, Familienurlaub, Erholungsurlaub

5 BAUM: Gesundheit erneuert, geistiges Licht, gesund, heilende Sonnenstrahlen, heilende Energie, Genesung, wärmer werdend, Baumlichter, spirituelles Bewusstsein, spirituelle Energie, langsame Beleuchtung, natürliche Bräune

6 WOLKEN: Trübung der Wahrheit, bewölkter Tag, verwirrendes Ergebnis, Regentag, Schatten, depressiver Alltag, verwirrende Energie, die Wahrheit verbergen, nicht gut sehen können, stürmisches Wetter, die Wahrheit verdunkelnd, Angst vor Erfolg

7 SCHLANGE: Probleme im Paradies, die Wahrheit verdrehen, Lügen beleuchten, jeden Tag lügen, verführerische Energie, neidisch auf Erfolg, täglicher Betrug, exotischer Urlaub, urlaubsreif

8 SARG: Sonnenfinsternis, neutral, vielleicht, Abschluss, Niete, negative Energie, schlechter Urlaub, wenig Freude, verschlossene Energie, das Ende des Tages, negatives Ergebnis, die Wahrheit begraben, gestrichener Urlaub

9 BLUMEN: Extremes Glück, schöner Tag, Erneuerung, Freude, angenehme Schwingungen, schöne Energie, Stauden, Erfolg genießen, wunderbarer Sommer, sehr positives Ergebnis, Luxusurlaub, schöner Urlaub, süßer Erfolg

10 SENSE: Schneidende Wahrheit, gefährliche Energie, plötzlicher Erfolg, kurzer Urlaub, gefährliche Wahrheit, Unentschieden (den Sieg teilen), gefährliches Ergebnis

11 RUTE: Back-to-back-Siege, Infragestellung der Wahrheit, Frage des Tages, aggressive Energie, hedonistischer Urlaub, flackernde Lichter, Beugung der Wahrheit, Infragestellung Glück, sexuelle Kraft, tägliches Streiten

12 VÖGEL: Die Wahrheit sagen, ein paar Passagiere, nervöse Energie, Paarurlaub, ungeerdete Energie, Touristen, Geschwisterenergie

13 KIND: Neu gewonnenes Selbstvertrauen, kleiner Sieg, Kinderenergie, kurzer Sommer, neues Bewusstsein, unreife Energie, Kurzurlaub, Ferienbeginn

14 FUCHS: Gerissener Sieg, Arbeitstag, Beschäftigungserfolg, Manipulation der Wahrheit, falsche Bräune, Arbeitsurlaub, Vortäuschung von Erfolg, manipulierende Energie

15 BÄR: Unermessliche Freude, großer Sieg, mächtige Energie, mächtiger Sieg, mächtige Wahrheit, großer Urlaub, übermäßig selbstbewusst

16 STERNE: Träume werden wahr, reines Gewissen, jeden Tag besser, Dämmerung, Traumurlaub, sehr erfolgreich, sehr positiv, höheres Bewusstsein, elektrisches System, Sternenlicht, positive Energie, Aufdeckung der Wahrheit, positives Ergebnis

17 STORCH: Vorwärtskommen, Alltag, Geburtstag, jährliches Ereignis, Umzug in den Süden, Schwangerschaft, Umzugstag, Veränderung bringt Erfolg

18 HUND: Freundlicher Sieg, erneuerte Freundschaft, Geruch des Erfolgs, Hundstage des Sommers, freundliche Energie, zuverlässiger Erfolg, führendes Licht

19 TURM: Offizieller Sieg, unnahbare Energie, glorreiche Tage, gesetzlicher Urlaub, die Wahrheit widerrufen, politischer Sieg, stolz auf den Erfolg, unabhängig erfolgreich

20 PARK: Feiertag, Mannschaftssieg, Zusammenkunft während des Tages, öffentliche Wahrheit, Gruppenurlaub, Energie sammeln, Vertrauen in die Gesellschaft erneuern, Erfolg in den sozialen Medien, kollektives Bewusstsein

21 BERG: Hart erkämpfter Sieg, verhinderter Erfolg, harte Wahrheit, verzögerter Erfolg, Hindernisse auf dem Weg zum Glück, blockierte Energie, Aufschieben des Urlaubs

22 WEGE: Mehrere Siege, Möglichkeit des Erfolgs, Entscheidung ist gut, freier Wille, Planung eines Urlaubs, Weg zum Erfolg, Weg zum Glück

23 MÄUSE: Schwieriger Sieg, Lebensenergie rauben, Energieentzug, Energie, Sonnenuntergang, Selbstvertrauen verlieren, jeden Tag besorgt, Erfolgsstress, Elektrizität stehlen, stressige Ferien, komplizierter Urlaub

**24 HERZ:** Herzerwärmend, romantische Glückseligkeit, Valentinstag, die Liebe ist erneuert, extremes Glück, herzliche Freude, liebevolles Leben, liebevolle Energie, mitfühlende Wärme, sehr glücklich, romantischer Urlaub, selbstbewusste:r Liebhaber:in

**25 RING:** Erneuerung des Gelübdes, anhaltender Erfolg, Vertragsabschluss, Erfolgsversprechen, die Sonne, dem Glück verpflichtet, Kreis des Vertrauens, All-Inclusive Urlaub, Hochzeitstag, Flitterwochen

**26 BUCH:** Geheimnis des Erfolgs, Schulabschluss, Schulferien, Bildungserfolg, Gedenktag, Bildungserfolg, Recherchieren im Urlaub, Erinnerungen kommen ans Licht, Suche nach der Wahrheit

**27 BRIEF:** Jeden Tag Botschaften senden, Ergebnisse sind optimistisch, Botschaft des Tages, Licht senden, Botschaft der Erleichterung, Karte des Tages, Botschaft ist wahr

**28 HERR:** Maskulin, erfolgreicher Mann, warmer Mann, energischer Mann, optimistischer Mann, mutiger Mann, guter Mann, selbstbewusster Mann, wahrhaftiger Mann, männliche Energie

**29 DAME:** Erfolgreiche Frau, warme Frau, energiegeladene Frau, optimistische Frau, mutige Frau, gute Frau, selbstbewusste Frau, wahrheitsliebende Frau, weibliche Energie

**30 LILIEN:** Glückseligkeit im Ruhestand, Schneevögel, alte Wahrheit, Lebenswerk, Vater, Energie, lauwarm, Winterurlaub, Schneetag!

**32 MOND:** Erleuchtung, Sonnenfinsternis, Mondphasenenergie, emotionaler Tag, Abenddämmerung, Erfolg manifestieren, Gegensätze, Montag, Tagundnachtgleiche, Mondlicht, Illusion der Wahrheit

**33 SCHLÜSSEL:** Offen für Freude, offenbart im Licht des Tages, Antwort des Tages, karmische Wahrheit, wahrheitsgemäße Antwort, bedeutender Sieg, Aufschließen der Wahrheit, wichtiges Ergebnis, bemerkenswerter Erfolg, wichtiger Sieg

34 FISCHE: Geschäftserfolg, finanzieller Gewinn, selbstbewusst einkaufen, Gold, tiefe Freude, Angelurlaub, fließende Energie, teurer Urlaub, flüssiger Mut, finanziell erfolgreich

35 ANKER: Langfristiger Erfolg, Routinegewinn, festgefahrene Energie, erdende Energie, stabiler Erfolg, sicherer Urlaub, Fundament zum Erfolg, solides Vertrauen, langanhaltendes Glück

36 KREUZ: Enttäuschung, kritische Hitze, jeden Tag verpflichtet, schwieriger Tag, Prüfung deines Vertrauens, erneuerter Glaube, jeden Tag erschöpft, Supernova, Bedauern über die Wahrheit

*Ein Lächeln ist wie der Sonnenschein;*
*es vertreibt den Winter aus dem menschlichen Antlitz.*
*– Victor Hugo*

# 32 Mond

## SCHLÜSSELWORTE

Nacht, Manifestation, Emotionen, Kreativität, Intuition, Reflexion, Gefühle, Vorstellungskraft, Unterbewusstes, Magie, Erscheinung, Einfluss, Phasen, Okkultismus, Bewusstsein, Talent, Weissagung, Fantasie, Fertigkeit

## BEDEUTUNG

Wenn der *Mond* erscheint, beeinflusst er mit seinen vielen Gesichtern deine Gefühle. Er wird alle Karten neben und um sich herum beeinflussen. Er bringt einen Hauch von Mystik und Intuition und umgibt dich mit einer magischen Aura.

### Lenormand-Mond-Kombinationen

1 REITER: Schnelle Manifestation, Empfang einer intuitiven Botschaft, Teenager-Hexe, Besuch taucht auf, Verehrer:in manifestiert sich, jugendliches Aussehen, die Jungfrau

2 KLEE: Launenhaftigkeit, Feen, glückliche Intuition, kurzer Einfluss, Glücksphase, freudiges Gefühl, Glücksspielfähigkeiten, Glück manifestiert sich, Glückszauber, Blitz der Intuition, Glücksgefühl, ein Talisman

3 SCHIFF: Erforschende Intuition, Reisezauber, Reisen bei Nacht, Reisephase, fremder Einfluss, Gefühle navigieren, Kreativität erforschen, Reise ins Unterbewusstsein

4 HAUS: Einfluss der Familie, Schutzzauber für das Haus, Kelche, Magie, Familienzirkel, heiliger Raum (innen), Markenbewusstsein, Immobilien, behagliches Gefühl, heimeliges Gefühl, Hexe

5 BAUM: Weiblichkeit, Hormone, Zauberstäbe, wachsender Einfluss, Gesundheitszauber, medizinische Intuition, tief verwurzelte Gefühle, gesunde Vorstellungskraft, zunehmender Mond, Blutmond, Erbhexe, Handleser:in, Weiße oder Schwarze Magie, Ahnenmagie

6 WOLKEN: Bewusstsein für geistige Gesundheit, Illusion, Launenhaftigkeit, Magie, gruseliger Traum, Traurigkeit, verwirrte Gefühle, Sturmmond, dunkle Fantasie, Telepathie, verborgene Gefühle, temperamentvoll, Verrücktheit, Meditation, Aufruhr

7 SCHLANGE: Eifersucht, Lügen über Gefühle, verdrehte Gefühle, Anziehungszauber, Einfluss, verführerisch, Komplikationen mit einem Zauberspruch, komplizierte Gefühle

8 SARG: Trauer, Tod der Nacht, dunkler Mond, Medialität, Trauerphase, keine Emotion, eine Erscheinung, unbewusst, trauernder Mond, Hellsehen, keine Vorstellungskraft, schwieriger Zauber

9 BLUMEN: Dankbarkeit, Blumenmond, Salbei, grüne Hexe, kreative Phase, Glamour-Zauber (Schönheit), melodramatisch, Kräutermagie, Sabbat, begabt, künstlerischer Ausdruck, blühende Intuition, Ostviertel, Kräuter, schön verrückt

10 SENSE: Verletzte Gefühle, schwieriger Zauberspruch, emotional abgeschnitten, unerwartete Emotion, Bann brechen, Westviertel

11 RUTE: Sexuelle Fantasie, aufgewühltes Gefühl, sexueller Traum, Pendel, fragwürdiger Einfluss, Wut, heftige Gefühle, aktive Fantasie

12 VÖGEL: Hellhörigkeit, unruhiges Gefühl, flatterhaft, nervös, Angstzustände, neurotisch, Musikmagie, blauer Mond, musikalisch begabt

13 KIND: Neumond, unbeholfene Gefühle, unreife Phase, neues Talent, unentwickelte Fähigkeiten, kindliche Fantasie, Mikromond

14 FUCHS: Berufliche Fähigkeiten, Emotionen manipulieren, schlaues Bewusstsein, Zauber, kreativ arbeiten, Klugheit, instinktives Gefühl, einen Zauber erschaffen, Schuldgefühle, Hokuspokus

15 BÄR: Tiefschlaf, starke Gefühle, Machtzauber, Hellsichtigkeit, übermächtige Gefühle, Küchenhexe, Diätphase, die Mutter, Supermond

16 STERNE: Wünsche, intuitiv, hoffnungsvoll, inspiriert, Hellsichtigkeit, Astrologie, erhebende Emotionen, Tierkreiszeichen, luzides Träumen, Manifestation, Astrologie, positiver Einfluss, Astralmagie, Astralebene, Nordviertel, kosmische Hexe, Ruhm

17 STORCH: Fruchtbarkeitszauber, Telekinese, Babymond, wiederkehrender Traum, wechselnde Gefühle, Geburtszauber, sich entwickelnde Intuition

18 HUND: Vertraue deiner Intuition, Welpenphase, Treuezauber, Hellsehen, Wolf, Mond, ein:e Vertraute:r, Haustier, Hellsehen, Schutzzauber, vertraue deinen Gefühlen

19 TURM: Wachtürme, Rechtszauber, traditionelle Hexe, einsames Gefühl, einsame Hexe, Selbsterkenntnis, kantige Erscheinung, Gefühlskontrolle, Selbstreflexion

20 PARK: Nächtliches Treffen, Hexenzirkel, Gruppeneinfluss, Party die ganze Nacht, öffentliches Bewusstsein, Gruppenzauber, Gartenmagie, heiliger Raum (im Freien), rosa Mond, grüner Daumen

21 BERG: Blockierte Emotionen, hartes Auftreten, sture Gefühle, blockierte Intuition, permanenter Einfluss, Runen, Kristalle, harte Phase, grobe Fähigkeiten

22 WEGE: Unentschlossenheit, Entscheidung wurde beeinflusst, sehr ungewöhnlich, auseinanderfallend (emotional), unbekannter Zauberspruch, mehrere Zaubersprüche, Weg zur Magie, Planungsphase, Möglichkeit der Manifestation

23 MÄUSE: Besorgt, zerstörerische Emotionen, abnehmender Mond, verringerte Gefühle, schwierige Nacht, schwindende Fähigkeiten, weniger Kreativität

24 HERZ: Liebevolle Gefühle, Leidenschaft, großzügig, Kelche, Liebesmagie, Herzensangelegenheiten, Dating-Phase, sensibel, empathisch, Liebeszauber, Hellfühligkeit, romantische Fantasie

25 RING: Vollmond, Bindung manifestiert sich, Vertragseinfluss, intuitive Verbindung, Flitterwochen, Bindungszauber, Circle Casting, kontinuierliche Reflexion

26 BUCH: Geheime Gefühle, Verbesserung der eigenen Fähigkeiten, Geheimzauber, Akasha Chronik, Studium des Okkulten, Studium der Hexerei, Erforschung von Zaubersprüchen, Weisheit des Okkulten, Buch der Schatten (BOS), Grimoire

27 BRIEF: Tarot, Orakel, Lenormand, Spielkarten, Kartomantie, geschriebener Zauberspruch, automatisches Schreiben, Senden eines Zauberspruchs, Botschaft bringt Bewusstsein, Siegel

28 HERR: Kreativer Mensch, emotionaler Mensch, intuitiver Mensch, talentierter Mensch, überzeugender Mann, fantasievoller Mann, sensibler Mann, männliche Hexe, geschickter Mann, Mann im Mond

29 DAME: Weiblich, kreative Frau, emotionale Frau, intuitive Frau, unwiderstehliche Frau, fantasievolle Frau, sensible Frau, weibliche Hexe, talentierte Frau

30 LILIEN: Sentimentales Gefühl, weise Frau, ein alter Zauber, ältere Erscheinung, reife Gefühle, kalter Mond, in einer Winternacht, ruhig, erfahren

31 SONNE: Tagträumerei, gute Nacht, ausgeglichen, Yin und Yang, Kerzenmagie, optimistisches Gefühl, warmes Gefühl, brillante Kreativität, Wahrheitszauber, helles Talent, gutes Gefühl, gute Phase, Gegensätze ziehen sich an, guter Traum, heißer Mond, Sommernächte, Schwingung, Sonnenwende, Südviertel, Vertrauen, Zauberspruch

33 SCHLÜSSEL: Schlüsselphase, neuer Weg offenbart, Hellsichtigkeit, karmischer Einfluss, emotionale Öffnung, Enthüllung eines Zaubers, Entriegelung des Unterbewusstseins, wichtige Fähigkeiten, zeremonielle Magie, Ritual

34 FISCHE: Geschäftssinn, professionelles Hellsehen, unter Einfluss, Störung, Mond, tiefe Reflexion, fließende Intuition, Geldzauber, Geld manifestiert sich, geschäftlicher Einfluss, Geschäftszauber, tiefe Gefühle

35 ANKER: Stabiler Einfluss, festgefahrene Emotionen, ernste Gefühle, hartnäckige Gefühle, Knotenzauber, den Mond herunterziehen, Erdung, Meerhexe

36 KREUZ: Unorthodox, religiöse Phase, schwierige Gefühle, schmerzhafte Reflexion, religiöser Traum, Anbetung des Mondes, Wicca, Verhexung, Omen, Weihe, schwierige Nacht

*Denke immer daran, dass wir unter demselben Himmel stehen*
*und denselben Mond betrachten.*
*– Maxine Lee*

# 33 Schlüssel

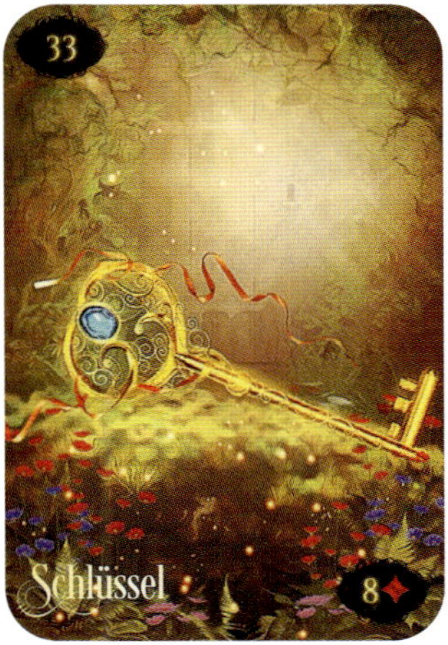


## SCHLÜSSELWORTE

Entriegeln, bedeutend, karmisch, wichtig, ausgezeichnet, Bestimmung, Schicksal, edel, Lösung, Zeremonie, Zugang, bestätigend, Antworten, Ausweg, Enthüllung, offen, Auflösung, Freiheit, Ritual, Ehre, Respekt

## BEDEUTUNG

Eine der positiven Karten in diesem Deck ist der Schlüssel. Er repräsentiert Antworten mit der Möglichkeit, viele Optionen „aufzuschließen und zu öffnen" – sowohl weltlich als auch spirituell. Wenn der Schlüssel sprechen könnte, würde er dir ein schallendes „Ja!" geben.

### Lenormand-Schlüssel-Kombinationen

1 REITER: Nachrichten, Antworten erhalten, Karma, schnelle Lösung, Zugang erhalten, Geliebte:r gibt eine Antwort, Schicksal, schneller Zugang, Anruf des Schicksals

2 KLEE: Kleine Gelegenheit offenbart glückliches Schicksal, glückliche Synchronizität, leichter Zugang, Spiel mit dem Schicksal, vorübergehende Freiheit, informelle Zeremonie, beiläufige Antwort

3 SCHIFF: Freiheit erforschen, Schicksal entdecken, Reiserituale, Auflösungen, sich durchkämpfen, internationaler Zugang, neue Wege beschreiten

4 HAUS: Zugang zu Eigentum, Antworten auf Immobilien, Zugang zur Homepage, Familienfeier, Familienauflösung, Familienzugang, Familienkarma, Familienehre

5 BAUM: Antworten zur Gesundheit, erweiterter Zugang, natürliche Heilmittel, Wellness ist der Fokus, spirituell offen, Wachstum offenbart, spirituelle Einsicht, Ahnenkarma, medizinische Erklärung, edle Vorfahren, natürliche Öffnung, medizinisches Heilmittel

6 WOLKEN: Klärungsbedarf, verwirrende Antworten, verborgener Zugang, Einmischung, verborgene Lösung, Angst vor dem Karma, beunruhigende Erklärung, verdecktes Schicksal

7 SCHLANGE: Aufgedeckter Verrat, Schicksalswende, Fragezeichen, problematische Antwort, Unwahrheit über eine Lösung, transformative Antwort, komplizierte Lösung, Probleme mit Zugang

8 SARG: Wichtiges Ende, vielleicht, bedeutender Abschluss, endgültige Antwort, schlechtes Karma, geschlossene Tür, abschließende Zeremonien

9 BLUMEN: Bedeutendes Geschenk, schöne Zeremonie, gutes Schicksal, verschönerte Antworten, wertschätzende Freiheit, Anlass zum Feiern, angenehme Antwort, wunderbare Lösung, edle Mode, gefeierte Kunst

10 SENSE: Sofortiges Karma, ernten, was man sät (Karma), den Zugang abschneiden, Störung einer Zeremonie, schwierige Lösung, unerwartete Erklärung, Wendepunkt

11 RUTE: Sexuelle Freiheit, vom Karma getroffen, das Schicksal in Frage stellen, fragwürdige Lösung, einstudierte Antwort, gewohnheitsmäßige Antwort, verletzende Antwort, wütende Antwort

12 VÖGEL: Gespräch ist aufschlussreich, offenes Tratschen, freies Reden, offen sprechen, eine Lösung besprechen, verbale Antwort, ein paar Lösungen, hektische Zeremonie, Paar ist bestimmt

13 KIND: Neue Enthüllung, kleine Zeremonie, neue Lösung, kleine Bedeutung, neuer Zugang, unreife Antwort, kurze Erklärung, einfache Lösung, Spiel mit dem Schicksal

14 FUCHS: Falsche Tür, herausschleichen, schlaue Lösung, Manipulation einer Antwort, eine Antwort manipulieren, Arbeitslösung, einen Ausweg finden, verdächtige Antwort, eine witzige Antwort

15 BÄR: Mächtiges Karma, große Enthüllung, Chef bietet eine Lösung, massive Bedeutung, große Feier, mächtiges Schicksal, aggressive Antwort, große Ehre

16 STERNE: Wunsch nach einer Lösung, Schicksal, Ruhm, höchste Ehre, hoch gelobt, Wünsche werden erfüllt, alles wird aufgedeckt, Träume werden verwirklicht, Starbesetztes Fest, hochgeschätzt, sehr wichtig, positive Reaktion

17 STORCH: Bewegung in Richtung Auflösung, Veränderung bringt eine Lösung, wiederkehrendes Karma, Frühlingszugang, der Schritt ist wichtig, Veränderung ist die Antwort

18 HUND: Freundschaft ist bestimmt, ein:e Freund:in hat die Antworten, vom Schicksal geführt, freundschaftliche Auflösung, Freund:in wird einen neuen Weg aufzeigen, Vertrauen in die Antwort!

19 TURM: Offizielle Antwort, legaler Zugang, angesehene Organisation, offizielle Zeremonie, formale Feier, Karma aus der Vergangenheit, eine formale Antwort

20 PARK: Offenes Treffen, öffentlicher Zugang, öffentliche Zeremonie, öffentliche Reaktion, offenes Zusammentreffen, Teamarbeit steht an erster Stelle, gemeinsame Reaktion, öffentliche Feier, Zeremonie im Freien

21 BERG: Hindernis für die Freiheit, harte Enthüllungen, beschränkter Zugang, harte Antworten, begrenzter Zugang, blockiert den Weg nach draußen, entschlossen, das Schicksal herauszufordern, entfernter Zugang

22 WEGE: Entscheidung ist schicksalhaft, mehrere Möglichkeiten, viele Wege, Wege führen zum Ausweg, Weg zur Freiheit, Wahl der Ehre, Weg führt zum Schicksal, ungewöhnliche Erklärung, Planen einer Feier, wählen des eigenen Schicksals

23 MÄUSE: Schwieriger Zugang, schwindende Bedeutung, Wachsamkeit, Freiheitsentzug, immer weniger Zugang

24 HERZ: Beziehungsantworten, Liebe offenbart, Liebe ist die Antwort, bedeutende Beziehung, Liebhaber:in enthüllt, Liebe ist schicksalhaft, liebevolle Antwort, Beziehung ist bestimmt

25 RING: Heiratszeremonie, wie man in den Wald hineinruft, so schallt es heraus (Karma), Hochzeitsfeier, Angebot wird beantwortet, Antrag wird beantwortet, Verbindung ist der Schlüssel, Verbindung ist karmisch, Geschäft ist bestimmt

26 BUCH: Information ist der Schlüssel, Wissen ist befreiend, geheime Antwort, geheimer Zugang, geheimes Wissen, geheimer Ritus, Abschluss mit Auszeichnung/Ehrungen, Absolventenfeier

27 BRIEF: Schriftliche Erlaubnis, Kommunikation öffnet sich, beachtenswert, Schreiben, dein eigenes Schicksal, Ergebnis ist positiv

28 HERR: Freier Mann, wichtiger Mann, Seelenverwandter, angesehener Mann, bedeutender Mann, offener Mann, tugendhafter Mann, einflussreicher Mann, Schlüsselmann, kultivierter Mann, Edelmann, würdiger Mann

29 DAME: Königliche Frau, freie Frau, wichtige Frau, Seelenverwandte, unvergessliche Frau, bedeutende Frau, offene Frau, einflussreiche Dame, Schlüsselfrau, kultivierte Frau, würdige Dame, prestigeträchtige Frau, edle Frau

30 LILIEN: Frieden bringt Freiheit, alter Vorsatz, privater Zugang, Ruhestandsfeier, private Zeremonie, Winter, Ruhestand

31 SONNE: Gutes Karma, fröhliche Feier, Morgenritual, großer Erfolg, der Sieg ist gesichert, die Wahrheit wird enthüllt, große Lösung, gute Antwort, Sommerzugang

32 MOND: Emotional offen, sich intuitiv geführt fühlen, nächtliches Ritual, magisches Ritual, Prophezeiung, übersinnlicher Zugang, präkognitive Träume

34 FISCHE: Finanzieller Zugang, Geschäftslösungen, finanzielle Freiheit, finanzielle Antworten, Überfluss, mit dem Schicksal fließen, wohlhabend

35 ANKER: Langfristige Lösung, sichere Erklärung, ständiger Zugang, lange karmische Auswirkungen, routinemäßige Antwort, sicherer Ausweg, solide Antwort, Sicherung deiner Freiheit

36 KREUZ: Belastet durch die Offenbarung, enttäuschende Wahrheit, religiöse Zeremonie, Gebetserhörung, Auswirkungen des Karmas, heiliger Ritus, schwierige Aufgaben

*Der Glaube ist der magische Schlüssel,*
*der deine Träume aufschließt.*
*– Orrin Woodward*

# 34 Fische

## SCHLÜSSELWORTE

Geld, Fluss, Handel, tief, Geschäft, Austausch, Alkohol, Einkaufen, Währung, Wohlstand, Reichtum, Finanzen, Investitionen, Einkommen, Überfluss, Fisch, Wasser, Vermögen, Budget, Fluss, Mittel, Zirkulation, Transaktion, Kosten, Löhne, Provisionen, Ressourcen

## BEDEUTUNG

Wenn der *Fisch* in dein Leben schwimmt, bedeutet das ein Gefühl, mit dem Strom zu schwimmen. Fische stehen für Geld, für alles, was mit Finanzen, Einnahmen oder Transaktionen zu tun hat, und die Bewegung des Geldes in all seinen Formen, einschließlich Geschäft und Unternehmertum.

## Lenormand-Fisch-Kombinationen

1 REITER: Austausch von Nachrichten, Übergabe von Geld, rauschendes Wasser, Erklärung, Ankunft von Bargeld, Kurierdienstgeschäft, schnelles Geld, Besuch eines Geschäfts

2 KLEE: Glückliches Geld, kurzfristige Investition, Glücksspiel auf eine Investition, Spielgeld, Glücksspielgeschäft, glücklicher Tausch, kleine Geldsumme, Glücksinvestition, sorgloses Ausgeben, Verdienstmöglichkeit, passives Einkommen

3 SCHIFF: Auslandsinvestitionen, Reisegeschäft, globales Geschäft, Reise über Wasser, Geldtransfer, Handelskonto, internationaler Handel, Aktienhandel, Fremdwährung, Reisekosten

4 HAUS: Immobilieninvestition, Haushaltsbudget, Schwimmbad, Pool, Immobilienbüro, Immobilienfonds, Immobilientransaktion, Immobilienressourcen, Familiengeld, Immobilienprovisionen, Haushaltskauf, Eigenheim, Geschäft, Immobilienwert

5 BAUM: Wachsendes Geschäft, Geschäft mit Gesundheit und Wohlbefinden, solide Finanzen, wachsende Investition, Quelle (Heilwasser), wachsende Mittel, starkes Geschäft, Yoga-Flow, starker Cashflow, Gesundheitskosten, Ersparnisse, Zinsen

6 WOLKEN: Probleme im Geschäft, verstecktes Konto, Notgroschen, verstecktes Geld, versteckte Tiefen, versteckte Kosten, versteckte Anschaffungen

7 SCHLANGE: Fluss, problematische Geschäfte, Probleme mit Geld, Probleme mit Klempnerarbeiten, flexibles Einkommen

8 SARG: Geschäftsaufgabe, Erbschaft, erschöpfte Geldquelle, leere Kassen, geschlossene Investition, vergrabener Schatz, entgangener Lohn

9 BLUMEN: Schönheits- oder Modegeschäft, Spaß am Geldausgeben, Wellnessgeschäft, Überraschungsgeld, Startkapital, der süße Duft des Geldes, Blumengeschäft, Anziehen von Reichtum

10 SENSE: Gefährliche Investition, Verluste eindämmen, Preise senken, Sammlungen (Geld), Abfindungen, ein Budget (Kosten senken), riskantes Geschäft, riskante Investition, unerwartetes Geld, das Geld kürzen, Vermögen aufteilen

11 RUTE: Streit um Geld, Infragestellung der Finanzen, persönliches Training oder Fitnessstudio, Schwierigkeiten mit Geld

12 VÖGEL: Über Finanzen diskutieren, über Geld tratschen, über Finanzen besorgt sein, Investitionen besprechen, Finanzen in der Partnerschaft, fachsimpeln, Piano-Bar, Musik-Geschäft

13 KIND: Neues Geschäft, Spielgeld, Kinderbecken, kleine Investition, gefährdetes Geschäft, kleines Geschäft, wenig Bargeld, Startup, Fonds, unverantwortliche Ausgaben, neue Ressourcen, kleine Gebühr, kleine Provision

14 FUCHS: Arbeitslohn, schwierige Finanzen, komplizierte Gelder, Geld, fragwürdiges Geschäft

15 BÄR: Starkes Ergebnis, starke Ressourcen, erhebliche Mittel, Gewinn, erhöhter Umsatz, großes Geld, große Wasserfläche, starkes Portfolio, Chef:in, Unternehmer:in, große Investition, Lebensmittel einkaufen

16 STERNE: Wunsch nach Überfluss, Online-Geschäft, berühmtes Geschäft, unbegrenzte Ressourcen, Verdienstmöglichkeiten, Online-Geld, elektrischer Strom, E-Transfer, Ruhm und Reichtum, hoffnungsvolle Investition, Online-Einkauf

17 STORCH: Saisongeschäft, Austausch, Geld bewegen, Aufbau eines Geschäfts, Geschäftswechsel, Gründung eines Unternehmens, Veränderung der Finanzen, Geldwechsel, Geld umtauschen, ein Geschäft verlagern, einen Kauf zurückgeben, Ressourcen zuweisen, mit dem Strom schwimmen!

18 HUND: Treuhandfonds, verlässliche Einnahmen, Ausgaben überwachen, Unterhaltszahlungen, Versicherung, Schutz der Investitionen, verlässliche Mittel, Schutz der Finanzen, Investitionen überwachen, dem Geld folgen

19 TURM: Genehmigte Mittel, offizielle Zuwendung, legitime Mittel, Einkaufszentrum, Regierungsausgaben, Unternehmensausgaben, legale Geschäfte, vergangene finanzielle Transaktionen, Bank, Finanzinstitut, Tresor, genehmigte Ausgaben

20 PARK: Öffentliche Mittel, Treffen in der Kneipe, Kunden, öffentliches Unternehmen, öffentlicher Pool, Gruppenfonds, Gartenbrunnen, Gartengeschäft, Zusammenlegung von Geldern

21 BERG: Stagnierendes Geschäft, blockierter Geldfluss, begrenztes Bargeld, Budget, verzögerte Mittel, verzögerte Zahlung, unterbrochener Fluss, beschränkte Mittel, Rückschlag im Geschäft, begrenzte Ressourcen

22 WEGE: Verdienstmöglichkeiten, Wahl der Investitionen, mehrere Geschäfte, alternative Geldmittel, mehrere Einkommensquellen, ungewöhnliche Ausgaben, viele Investitionen, mehrere Bankkonten, ungewöhnliche Transaktionen

23 MÄUSE: Unterschlagung, Raub, verminderte Einnahmen, Verlust eines Geschäfts, finanzielle Sorgen, ein korruptes Geschäft, Geld, erschöpfte Mittel, kostspielig, verschwindende Ressourcen, ein Geschäft verkleinern, Geld verlieren, das Geschäft ruinieren, Korruption

24 HERZ: Liebevoller Austausch, leidenschaftlich für das Geschäft, großzügige Ausgaben, Philanthropie, tiefe Liebe, wohltätige Spenden, aus Liebe zum Geld, mit Liebe einkaufen, Liebe zum Geldausgeben

25 RING: Heiratsgut, Ring-Shopping, Ring-Tausch, Hochzeitsbudget, Geld zum Heiraten, Angebot von Geld, Vertragsabschluss

26 BUCH: Buchaustausch, Geschäftsbuch, geheime Fonds, Finanzstudium, geheimes Geld, Buchprovisionen, kluge Investition, geheimes Geschäft, Bücher eines Geschäfts, Buchhaltung, Informationen ausgetauscht, geheime Bücher

27 BRIEF: Quittungen, ausgetauschte Nachrichten, Schecks, Rechnungen, Mobiliar, Brief, Kreditbrief, Bargeld (Papiergeld), Bescheinigung über die Beteiligung, Geld senden

28 HERR: Materialistischer Mann, Geschäftsmann, Unternehmer, wohlhabender Mann, unabhängiger Mann, Mann mit tiefen Taschen, Investor, einfallsreicher Mann

29 DAME: „Material Girl", Geschäftsfrau, Unternehmerin, wohlhabende Dame, unabhängige Frau, Goldgräberin, Frau mit großem Geldbeutel, Investorin, einfallsreiche Frau

30 LILIEN: Altes Geld, etabliertes Unternehmen, Privatvermögen, vorsichtige Ausgaben, etablierter Wohlstand, Ruhestandsfonds, kaltes Wasser, alte Investition, erfahrene:r Geschäftsinhaber:in, kalter Fisch, ruhige Gewässer, Rente, diskrete Finanzen, eingefrorenes Vermögen

31 SONNE: Erfolgreiche Geschäfte, zuversichtliche Ausgaben, Verbesserung der finanziellen Lage, Glücksfall (etwas Geld gewinnen), Hilfsfonds, Urlaubsgeld, Urlaubskasse, gute Investition, Urlaubseinkäufe, gutes Angeln, heißes Wasser, gut mit Geld, erfolgreiche Investition

32 MOND: Emotionaler Rausch, emotionaler Austausch, Geld manifestieren, Mondschein, kreatives Geschäft, emotionales Einkaufen, emotionale Investition, kreative Ressourcen, psychische Geschäfte, beeinflusst durch Geld

33 SCHLÜSSEL: Offenes Wasser, Finanzen offenbaren, bedeutender Reichtum, wichtige Investition, offene Investition, karmische Schulden, ein Konto eröffnen, schuldenfrei, Zugang zu Konten

35 ANKER: Stabiles Geschäft, sicheres Geld, fester Lohn, Küstengewässer, sichere Transaktion, feste Investition, stabile Finanzen, festes Einkommen, stetiger Fluss, gesicherte Finanzierung, Wertpapiere, langfristige Investition

36 KREUZ: Überwältigende Börse, Stresstest, enttäuschendes Bankkonto, alle Finanzen ausschöpfen, finanziell leiden, belastet durch Geschäft, schwieriger Austausch, Steuerschulden

*Werfen Sie den Köder gut aus.*
*Dieser Fisch wird anbeißen.*
*– William Shakespeare*

# 35 Anker

## SCHLÜSSELWORTE

Stabilität, langfristig, Sesshaftigkeit, fixiert, Küste, schwer, Boden, sicher, Routine, konstant, beständig, unverändert, dauerhaft, solide, Erdung, stetig, halten, Seemann, festgefahren, unten, Fundament, verlässlich, ernsthaft

## BEDEUTUNG

Wenn der *Anker* in dein Leben fällt, bringt er eine Energie der Stabilität, etwas, das derzeit in deinem Leben fehlt. Mit der Ankerkarte ist ein Gefühl der Schwere verbunden. Sie kann bedeuten, dass etwas in deinem Leben feststeckt, aber nicht für lange. Du kannst den *Anker* jederzeit aufheben.

### Lenormand-Anker-Kombinationen

1 REITER: Ankündigung in der Warteschleife, Nachrichtensprecher, Besuch bleibt eine Weile, Aktivität beruhigt sich, Nachrichten bleiben unverändert, Lieferung verzögert sich

2 KLEE: Momentan festgefahren, kurzfristige Stabilität, Glücksspielroutine, Glück hält eine Weile an, Gewinn ist sicher, Glück wird verstärkt, lockere Routine

3 SCHIFF: Hafen, Jachthafen, ständig unterwegs, Marine, Reiseversicherung, Reise zur Küste, Autoversicherung, Bewegung setzt sich fest, Schiffsanker, Ausschiffung, Reiseroutine, auf Grund gelaufen, Boot im Hafen

4 HAUS: Stabilität der Familie, Immobilien in der Warteschleife, Familienroutine, Haus ist solide, Haus ist sicher, Zuflucht, sehr sesshaft, Fundament des Hauses, Familie richtet sich ein, Versicherung, Sicherheit der Familie, Keller

5 BAUM: Äußerst stabil, medizinische Prozedur auf Eis gelegt, Gesundheit ist stabil, Erdung, Wurzeln, gesunde Routine, Lebensversicherung, Krankenversicherung, das Leben auf Eis legen, ausdauernd, spirituell geerdet

6 WOLKEN: Instabil, Unsicherheit, Sturm hält an, Niedergeschlagenheit, Verwirrung hält an, Depression, instabiles Fundament, geistig festgefahren, Störung hält an, Sturm im Hafen

7 SCHLANGE: Festgefahrene Probleme, Verlangen hält an, Drähte, Verrat ist langanhaltend, feindlicher Einfluss, Hartnäckigkeit

8 SARG: Ende der Stabilität, Neuanfang, Loslassen, Stille verweilt, den Anker loslassen, Negativität, Trauer

9 BLUMEN: Ereignis in der Warteschleife, Schönheit hält an, Schwere lindern, Schönheitsroutine, ständiges Feiern, Ostküste, Schönheitsprozedur auf Eis gelegt

10 SENSE: Gefahr, Riss im Fundament, Abbruch, Bindungen, die Monotonie durchbrechen, plötzlich auf Eis gelegt, gefährliche Routine, Westküste, Anker lichten, rücksichtslos, Herbst

11 RUTE: Übungsroutine, Streit, Angriff, Konflikt dauert an, Probleme

12 VÖGEL: Partnerschaft hält an, Klatsch und Tratsch halten an, Unruhe hält an, hektische Routine, Flugzeuge sind gelandet, Gespräch in der Warteschleife, Anruf in der Warteschleife, Vogelschutzgebiet, Nerven beruhigen sich, Verhandlungen stecken fest, Musik ist erdend

13 KIND: Unreife hält an, Kind beruhigt sich, einfache Routine, schwaches Fundament, neue Routine, schwacher Halt, Loslassen

14 FUCHS: Karriere in der Warteschleife, Arbeitsplatzroutine, Arbeitsplatzversicherung, Arbeitsplatzsicherheit, Arbeit ist verlässlich, Schuldgefühle

15 BÄR: Starker Halt, Diät in der Warteschleife, starker Halt, Manager:in ist zuverlässig, große Stabilität, groß und schwer

16 STERNE: Ziele gesichert, das Nordufer, Online-Sicherheit, Ziel ist solide, Segen dauern an, sicher sein, Ruhm ist langanhaltend, positive Routine, ewig beständig, für immer, unsterblich

17 STORCH: Wechselnde Routine, Umzug in der Warteschleife, saisonale Routine, Bewegung, Frühling verweilt, Fortschritt, Verlagerung des Ankers, Übergang ist stabil, der Umzug ist sicher

18 HUND: Unerschütterlich, vertraute Routine, sehr verlässlich, Freundschaft hält, Versicherung für Haustiere, Freundschaft hält an, Untersuchung auf Eis gelegt, sicher

19 TURM: Einsamkeit, strenge Routine, formal auf Eis gelegt, das Gebäude ist sicher, Vergangenheit, das Fundament ist gelegt

20 PARK: Geselligkeit dauert an, soziale Routine, öffentliche Sicherheit, gesellschaftliche Zusammenkünfte in der Warteschleife, das Team ist gesichert, die Sicherheit der Gruppe, die Menschenmenge verweilt, Zusammensein

21 BERG: Tiefpunkt, sehr festgefahren, dauerhaft, wenig Bewegung, Hindernisse bleiben bestehen, Verzögerungen dauern an, Herausforderung bleibt, fixiert, herausfordernde Routine, nirgendwo hingehen

22 WEGE: Entscheidung in der Warteschleife, Zögern hält an, Wahlmöglichkeiten belasten, keine Entscheidung getroffen, Entscheidungen stehen an, ungewöhnliche Routine

23 MÄUSE: Sorgen, Verschlechterung, Diebstahlversicherung, den Halt verlieren, abnehmende Stabilität, unsicher, unzuverlässig, verblassend

24 HERZ: Liebe hält an, Beziehung in der Warteschleife, Liebe hält durch, Beziehung ist fest, Leidenschaft bleibt, Geliebte:r hält durch, Romantik verweilt

25 RING: Vereinbarung steht, Verpflichtung dauert, Niederlassung, Vertrag ist sicher, bindend, Hochzeit in der Warteschleife

26 BUCH: Geheime Routine, Bildung in der Warteschleife, Informationen bleiben gleich, Wissen ist solide, Geheimnis ist sicher

27 BRIEF: Zeitplan in der Warteschleife, Nachrichten bleiben bestehen, Kommunikation bleibt bestehen, Ergebnisse haben eine nachhaltige Wirkung

28 HERR: Stabiler Mann, sesshafter Mann, ernsthafter Mann, beharrlicher Mann, sicherer Mann, geerdeter Mann, solider Mann, festgefahrener Mann

29 DAME: Stabile Frau, sesshafte Frau, ernsthafte Frau, beharrliche Frau, sichere Frau, geerdete Frau, solide Frau, festgefahrene Frau

30 LILIEN: Ruhestand in der Warteschleife, etablierte Routine, der Winter hält an, Alter, Sicherheit, die Nordküste, Stabilität erleben, friedliches Innehalten

31 SONNE: Urlaub in der Warteschleife, Optimismus hält an, der Sommer dauert an, die Energie ist geerdet

32 MOND: Nächtliche Routine, gefühlsmäßig festgefahren, gefühlsmäßig sicher, Bann ist langanhaltend, intuitiv festgefahren, sich festgefahren fühlen

33 SCHLÜSSEL: Wichtige Routine, Schicksal, karmische Wirkungen sind langanhaltend, Dinge öffnen sich, Schicksal bleibt unverändert, Schicksal gesichert, Schlüsselanhänger, Zugang in der Warteschleife

34 FISCHE: Finanziell stabil, Einlagensicherung, Gelder gesichert, Geschäftsstabilität, Geschäftsroutine, Gelder in der Warteschleife, Geschäftsversicherung, finanzielle Sicherheit

36 KREUZ: Lasten belasten dich, ein Geist verweilt, Schmerz ist beständig, Böses abwehren, Lasten dauern, ständig leiden, Verpflichtung belastet, Schwierigkeiten dauern

*Du bist stärker als wir.*
*Wenn du deinen Anker gefunden hast,*
*lass ihn nie wieder los. Egal was passiert.*
*– John Marrs*

# 36 Kreuz

## SCHLÜSSELWORTE

Heilig, Bürden, Verzweiflung, Glaube, Pflicht, Religion, Geist, Mühsal, Alter, Intoleranz, Verpflichtung, Reue, Ideologie, Prüfungen, Krise, Enttäuschung, Verantwortung, Scham, Steuer, Angst, Erschöpfung, Burnout, Dogma, Anbetung, Schwierigkeit, Ermüdung

## BEDEUTUNG

Das *Kreuz* ist eine eher negative Karte. Es verweist auf etwas, das du durchmachen und ertragen musst.

### Lenormand-Kreuz-Kombinationen

1 REITER: Besuch ist notwendig, kommende Schwierigkeiten, Nachrichten sind enttäuschend, Ankündigung bringt Verpflichtungen, ein junger Geist, Besuch ist problematisch, Enttäuschung

2 KLEE: Kurzes Leiden, Erleichterung von Kummer, leichte Prüfung, Erleichterung von Verpflichtungen, Linderung von Schmerz, vorübergehende Verantwortung

3 SCHIFF: Pilgerreise, Mission, Religion erforschen, Reise ist enttäuschend, Reise der Seele, Zollsteuer, Fahrprüfung, Übergang, Reiseerschöpfung, Auslandssteuer

4 HAUS: Familienkrise, Grundsteuer, ein Hausgeist, Hausaltar, Familienverpflichtungen, Ort der Anbetung, Familie, Verantwortung

5 BAUM: Erschöpfung, erdgebundene Religion, Gesundheitskrise, Körper, Gesundheitstest, erweiterte Verpflichtung, Gesundheitssteuer, medizinische Prüfung

6 WOLKEN: Schuldgefühle, seelische Belastung, Verzweiflung, verunsichert im Bereich Religion, Prüfung der geistigen Gesundheit, geistig erschöpft, unklare Verpflichtung

7 SCHLANGE: Außer Kontrolle geraten, beunruhigende Prüfung, heilig, Betrug bei einem Test, Frau in der Krise, schwierige Transformation

8 SARG: Erschöpfung, Loslassen, Verlust des Glaubens, Beendigung von Härten, Abschluss, Ende

9 BLUMEN: Besserung, Genesung, überraschende Prüfung, Dankbarkeit, Einladung zu einem Ort der Verehrung, blühender Glaube, Andacht, angenehme Pflicht

10 SENSE: Steuern kürzen, Kummer, Abschluss, Transformation, Neubeginn, plötzliche Erschöpfung

11 RUTE: Körperliche Erschöpfung, Streit über Religion, Praxistest, Debatten über Religion

12 VÖGEL: Bekenntnisse, Gespräch über Kummer, Paar in der Krise, wie ein Gebet, Stimmbruch, Besprechung von Pflichten und Verantwortung, Gespräch über Steuern, mündliche Prüfung

13 KIND: Taufe, Wachstumsschmerzen, Kind in der Krise, Kindheit, Kind ist anstrengend, kleine Prüfung, kleine Verpflichtung

14 FUCHS: Überarbeitet, Job verursacht Leiden, Arbeitsmoral, extreme Arbeitsbelastung, Steuern manipulieren, Kolleg:in in der Krise, Arbeitspflichten, Beschäftigung, Schwierigkeiten, Arbeitsmüdigkeit

15 BÄR: Chef:in in der Krise, Diätmüdigkeit, Enttäuschung, Lebensmittelallergietest, große Verantwortung, große Verpflichtung, Niedergeschlagenheit, großes Bedauern, ein starker Geist

16 STERNE: Glaube, Hohepriester:in, Hoffnung leuchtet durch, Sternenanbetung, hoffnungsvoll, Himmel, Ruhm ist anstrengend, Online-Test

17 STORCH: Veränderung verursacht Schmerzen, Schwangerschaftstest, Beinschmerzen, Wehen, Religionswechsel, jahreszeitliche Leiden, Neuordnung der Pflichten, langer Test, Verlagerung der Verantwortung, fortschreitender Schmerz

18 HUND: Priester:in, Freundschaft wird auf die Probe gestellt, Dogma, Verpflichtung, Freund in der Krise, Freundschaft ist anstrengend, Schutz, Übertritt

19 TURM: Stürmische Krise, Kathedrale, gesetzliche Verpflichtung, Prozess, Rückenschmerzen, Regierung in der Krise, formale Verpflichtung, offizielle Pflicht, Regierung

20 PARK: Öffentliche Krise, Gartentempel, öffentliches Leiden, öffentliche Pflicht, Steuer, öffentliche Last, öffentlicher Ärger

21 BERG: Schwierigkeiten, Aufschieben einer Prüfung, harte Verpflichtung, harte Behandlung, Prüfung über große Entfernungen

22 WEGE: Viele Verantwortlichkeiten, Wahl der Aufgaben, Entscheidungen sind mühsam, viel Bedauern, Multiple-Choice-Test, Polytheismus, die Wahl ist schmerzhaft, viele Enttäuschungen

23 MÄUSE: Zusammenbruch, Kult, weniger Verantwortung, schwindender Glaube, ausgelaugt, Erleichterung, Erleichterung der Sorgen

24 HERZ: Herzschmerz, Liebe wird auf die Probe gestellt, herzzerreißend, Partnerschaft in der Krise, Zuneigung ist angespannt, Verabredung ist stressig, liebevolle Anbetung, Beziehungsverantwortung

25 RING: Eheliche Pflichten, angespannt, Engagement ist anstrengend, Vertragsverantwortung, vertragliche Bindung

26 BUCH: Buch, geheime Pflichten, Last der Erziehung, Müdigkeit, geheime Verpflichtung, Erziehungsprüfung, Studium der Theologie

27 BRIEF: Schriftlicher Test, Botschaften sind schmerzhaft, Ergebnisse sind enttäuschend, Botschaften, Text ist enttäuschend, Zeitplan ist zermürbend

28 HERR: Religiöser Mann, unglücklicher Mann, bedürftiger Mann, geplagter Mann, verpflichteter Mann, mühseliger Mann, schwieriger Mann, enttäuschender Mann, Mann in der Krise, erschöpfter Mann

29 DAME: Fromme Frau, unglückliche Frau, beschwerliche Frau, schwierige Frau, enttäuschende Frau, Frau in der Krise, erschöpfte Frau

30 LILIEN: Frieden gestört, alte Verpflichtung, Winterblues, Altersarmut, alte Person in der Krise, alter Schmerz, Burnout

31 SONNE: Erholung, Erleichterung, Sonnenbrand, gute Prüfung, Sonntag, Sonnengott, Bestehen einer Prüfung, Sonnenanbetung, Hitzeerschöpfung

32 MOND: Emotionale Probleme, Mondanbetung, beeinflusst von der Religion, emotional belastet, Mondgöttin, psychischer Schmerz, sich verpflichtet fühlen, psychisches Burnout

33 SCHLÜSSEL: Lösung ist schmerzhaft, große Verantwortung, wichtige Pflichten, Öffnen der Tür zum Geist, wichtige Prüfung, Schicksal, Karma ist ein Miststück, frei von Verpflichtungen

34 FISCHE: Geldsorgen, Finanzkrise, Unternehmenssteuer, Einkommensteuer, Finanztest (Stresstest), Geschäftsethik, Gewissensbisse, finanzielle Verpflichtung, finanzieller Stress, Steuern zahlen

35 ANKER: Stark belastend, beschwert, Abschluss, Bedauern, routinemäßige Erschöpfung

*Im Leben geht es nicht darum, wie viele Schläge man einstecken kann. Es geht darum, wie viele Schläge du einstecken kannst und trotzdem vorwärtskommst.*
*– Sylvester Stallone, Rocky Balboa*

# Über die Autorinnen

**Yasmeen Westwood** ist eine autodidaktische Künstlerin, die in Perthshire, Schottland, im Vereinigten Königreich lebt. Sie ist eine professionelle Fotografin, die Magie sowohl in den Menschen als auch in den Landschaften, die sie fotografiert, sieht. Sie liebt es, zu fotografieren und die Bilder grafisch zu bearbeiten, um magische Fantasiewelten zu erschaffen, und es ist diese Magie, die sie in diesem Lenormand-Deck darzustellen versucht hat.

Benannt nach der Muse der epischen Poesie, träumte **Kalliope** schon in jungen Jahren davon, Schriftstellerin zu werden. In ihrem früheren Leben war sie sowohl im Gastgewerbe als auch im Finanzmanagement tätig, bis sie 2015 vom Universum dazu berufen wurde, ihre angeborenen intuitiven Gaben mit anderen zu teilen.
Wenn sie nicht gerade unterwegs ist, kannst du sie zu Hause finden im Schlafanzug, zusammengekuschelt auf der Couch, mit einem Stift in der Hand. Sie lebt mit ihrem Mann und zwei Teenagern an einem Seeufer in Ontario, Kanada.

AZRA MANZOOR
LENORMAND
DEIN STARTERKIT

**Außerdem bei Königsfurt-Urania erschienen:**